La magia del bosque

La magia del bosque

Cómo canalizar la energía oculta de la naturaleza

Nikki Van de Car

Ilustrado por Elin Manon

Hestia

De esta edición y traducción © Hestia, 2025
Un sello de Editorial Pinolia, S. L.
Calle de Cervantes, 26
28014, Madrid

Título original: *Forest Magic*

www.editorialpinolia.es
info@editorialpinolia.es

Primera edición: abril de 2025

Depósito legal: M-4510-2025
ISBN:978-84-12967-12-8

Maquetación: Sofía Soltero
Diseño de interior original de Susan Van Horn
Diseño de cubierta: Óscar Álvarez
Impresión y encuadernación: Industria Gráfica Anzos, S.L.U.

Printed in Spain - Impreso en España

A las brujas del bosque

Contenidos

Parte 1

El rey Roble

Parte

2

El rey Acebo

Introducción

Mujeres del bosque

Imagínate a una mujer del bosque. Vive una vida solitaria y autosuficiente, segura de sí misma, sabe que puede confiar en que el bosque la cuidará. Camina suavemente, sus pies se apoyan en el suelo musgoso, los helechos rozan sus tobillos en un suave saludo a su paso. Las criaturas la conocen: los ciervos no se sobresaltan, las ardillas corretean por el sendero ante ella y los pájaros la observan desde las ramas. Recoge solo lo que necesita: setas, bayas, hojas y enredaderas; ramas, hierbas, agujas y ramitas; murmura una plegaria y un agradecimiento a cada uno de ellos a su paso. Cuando se encuentra con un árbol que necesita cuidados, ya sea porque un ciervo ha rozado la corteza con su cornamenta, por pequeñas ramas que crecen en la base del tronco o por una enredadera que se ha enroscado donde no debía, se detiene y repara el bosque según sus necesidades. Cada aliento que inhala es un regalo del bosque, y cada aliento que exhala es un regalo que ofrece a cambio.

No todas podemos ser Baba Yaga, Circe o cualquiera de las otras brujas del bosque, sin embargo, somos su legado. Es nuestro derecho de nacimiento continuar sus tradiciones de la forma que mejor se ajuste a nosotras. No necesitamos vivir solas en una isla, ni mucho menos en una casa con patas de pollo, para practicar la magia del bosque. Ni siquiera necesitamos vivir en una cabaña en el bosque. Aunque la magia de la naturaleza pueda parecer imposiblemente lejana desde un apartamento en la ciudad, lo cierto es que está siempre a nuestro alrededor, estemos donde estemos. No hay ciudad en el mundo que no tenga alguna forma de vida forestal: está en la maleza que crece en las grietas de las aceras, en los árboles que se ciernen sobre los bancos de los parques, en los solares abandonados llenos de acianos y carrotas. El bosque es donde habita lo salvaje y lo salvaje habita en todas partes.

Pero necesita nuestra ayuda. Existe un término llamado «resilvestración», que se refiere al esfuerzo que se lleva a cabo para conservar, recuperar y darle cabida a los lugares salvajes, devolviéndolos a su estado natural sin cultivar. Ejemplos de ello son la reintroducción de lobos en el Parque Nacional de Yellowstone y de bisontes en Montana; la eliminación de presas para que los peces puedan hacer sus peregrinaciones anuales, e incluso la creación de puentes para facilitar la migración de animales que cruzan las autopistas. Cada uno de estos esfuerzos es magia forestal científica.

Nuestros bosques arden, disminuyen y desaparecen, y es nuestro deber sagrado como brujas de los bosques servirles en la medida de lo posible. Podemos y debemos protegerlos a través de la acción política, escribiendo cartas —ya que una carta es un poderoso hechizo que se envía al mundo—, donando lo que podamos y cuando podamos, utilizando sabiamente nuestro poder como consumidores y, por supuesto, votando. Pero también podemos hacernos cargo de maneras más rápidas y tangibles, sobre todo cuando el cambio sistémico —que siempre es un proceso lento— parece abrumadoramente difícil.

Ahí es donde entra en juego este libro. *La magia del bosque* te servirá de guía para cuidar y aprovechar el poder de los bosques. Te guiará para que encuentres y crees tu propia arboleda sagrada, esa parte del bosque en este mundo que asumirás como tuya. Te enseñará a cuidarla como ella cuidará de ti. Este libro te mostrará cómo canalizar el poder del bosque a lo largo del año, de las estaciones y del día. A medida que avanzas por la rueda del año, harás una pausa en cada festividad pagana, o *sabbat*, y descubrirás las plantas que más resuenan con ese momento. Estudiarás sus propiedades mágicas y descubrirás formas de realizar tus propios hechizos con ellas, aunque ten en cuenta que no deben consumirse a menos que se indique específicamente que es seguro hacerlo. (Aun así, consulta siempre a un experto o profesional médico para estar segura de que la planta benigna de que estemos hablando es adecuada para tu cuerpo).

Para mayor facilidad, las directrices generales de los capítulos siguientes se basan en el supuesto de que te encuentras en Norteamérica. Si esto no encaja con tu localización, no te preocupes, ¡con la mía tampoco! Dependiendo de dónde vivas, de las condiciones climáticas y de la topografía del terreno, es posible que estas plantas no crezcan cerca de ti en estas épocas o en absoluto. Pero, aun así, hay mucho que aprender sobre todas estas plantas y árboles.

La magia verde es a la vez un don y una responsabilidad. Todo lo que tomamos del bosque, debemos devolverlo en la misma medida. Se trata de crear un ciclo de apoyo, potencial y magia que crecerá con el paso de los días. A medida que este intercambio de energía siga creciendo, se creará una restauración sostenible y curativa para nuestros bosques y, por tanto, para todas nosotras. Reforestemos nuestros bosques… y a nosotras mismas.

Encontrar y crear tu arboleda sagrada

Las arboledas sagradas son grupos de árboles que tienen una importancia especial. Se pueden encontrar en todo el mundo, como en Irlanda y otras regiones celtas, los países germánicos, Grecia, Italia, India, Japón, Europa del Este, Norteamérica y África Occidental y del Sur. Una de las arboledas sagradas más antiguas se encuentra en Grecia: el robledal de Dodona. En las culturas celtas, las arboledas sagradas se conocían como «nemeton», por la diosa Nemetona, a la que se honraba allí. Cuando Abraham plantó una arboleda en Beerseba y pronunció el nombre de Dios, estaba creando una arboleda sagrada.

Las arboledas sagradas siguieron siendo abundantes hasta el siglo I a. C., cuando los romanos atacaron el actual Reino Unido. A pesar de ello, quedan muchos y, aparte de su significado espiritual, desempeñan una poderosa función ecológica. La arboleda sagrada de Buoyem, en Ghana, protege a más de 20 000 murciélagos frugívoros, y los bosques sagrados de África Occidental sirven de lugares de preservación ecológica, así como de sumideros de dióxido de carbono que ayudan a contrarrestar la crisis climática. Hay miles de arboledas sagradas en la India, algunos estiman que hasta 100 000, y mantienen a salvo plantas y animales raros, además de en peligro de extinción.

Encontrar, elegir y crear tu propia arboleda sagrada puede ser tan sencillo como salir a la calle, ya que algunas brujas encuentran sus arboledas en sus patios traseros o jardines. Para otras, puede requerir un viaje, a veces breve y a veces un poco más largo.

Cierra los ojos y pregúntate: «¿Conozco ya mi arboleda sagrada?». Puede ser un lugar de tu infancia o algún sitio al que hayas ido de excursión o a nadar. Puede ser un lugar en el que haces pícnics o un grupo de árboles bajo los que sueles correr o por los que paseas a la hora de comer. Puede ser un solo árbol en vez de un grupo de ellos, lo cual forma parte de una tradición sagrada que incluye al árbol bodhi de Buda, a los antiguos alcanforeros y a los banianos.

Si se te ocurren varias opciones, anótalas todas en un cuaderno. Escribe un recuerdo de cada uno y considera la posibilidad de dibujar o pintar cada arboleda. Cuando las conozcas bien y lo tengas claro en tu corazón y en tu mente, elige entre ellas.

Si esta elección te parece difícil, ¡no pasa nada! Estamos destinadas a tener conexiones con varios bosques y es probable que te sientas llamada a cuidar varias arboledas sagradas a lo largo de tu vida. Esta elección no es para siempre ni excluye ningún otro lugar; es más bien una pregunta: «¿Qué bosque me siento llamado a cuidar ahora mismo, hoy?».

Si no se te ocurre ninguna que te parezca adecuada, tampoco pasa nada. Estas cosas pueden tardar en revelarse. Empieza dando un paseo. Puedes simplemente salir por la puerta de tu casa y dirigirte al grupo de árboles más cercano que encuentres, o puedes aventurarte más lejos para buscar un lugar lleno de naturaleza que te parezca mágico. En cualquier caso, camina con los ojos abiertos y el corazón atento. Roza con la punta de los dedos las ramas que encuentres a tu paso. Escucha el susurro de las hojas moviéndose con el viento. Si hay hojas en el suelo, písalas y siente cómo crujen. Tómate tu tiempo. Las respuestas llegarán cuando estés preparada. Este paseo puede durar quince minutos o varias horas. Puede que encuentres tu arboleda hoy, o puede que la encuentres en otro paseo, otro día. En este momento, simplemente estás explorando. Mientras caminas, hazte continuamente las siguientes preguntas:

¿Siento que un árbol me llama a sentarme debajo? Algunos árboles parecen acogedores, dan la sensación de que otros se han sentado bajo ellos, generación tras generación. Otros parecen secretos, como si el refugio que ofrecen fuera solo para unos pocos elegidos. Y otros parecen reacios, como si fueran demasiado tímidos o simplemente no estuvieran preparados para aceptar compañía.

¿Escucho una canción en el murmullo de las hojas? Puede ser una canción que conozcas o algo en lo que nunca habías pensado, como una sensación que no acabas de captar.

¿Siento veneración en mi corazón? Al fin y al cabo, las arboledas sagradas son sagradas y deben evocar veneración. Eso no significa que no se pueda reír, jugar o gritar en su interior. El juego es, sin duda, una forma de respetar y cuidar la arboleda sagrada, pero debe seguir existiendo una ligera sensación de temor, de conciencia de que estas entidades tienen poder.

¿Siento que me conocen, reconocen o aceptan aquí? No solo elegimos nuestras arboledas sagradas, sino que ellas también nos eligen a nosotras. Es una decisión que se toma en conjunto y, a medida que reconoces tu arboleda sagrada, ella también debería conocerte a ti. Este es un lugar donde puedes ser todo lo que eres en plenitud, donde puedes llorar y enfurecerte y alegrarte y reflexionar: los árboles lo aceptarán todo.

Si la respuesta a alguna o a todas estas preguntas es afirmativa, puede que hayas encontrado tu arboleda sagrada. Puede ser tan sencillo como eso. La magia no requiere nada más que elección e intención. A veces, sin embargo, es conveniente realizar un ritual para sellar el acuerdo, por así decirlo.

Elige un árbol bajo el que sentarte. Acurrúcate entre sus raíces, alineando la columna vertebral con el tronco. Si puedes apoyarte en él, hazlo; si no, deja que tu tronco, la línea vertical de tu cuerpo, coincida con la energía del árbol. Cierra los ojos y escucha a tu árbol, así como a todos los demás de tu arboleda. Tal vez estén todos en fila, plantados a lo largo de una sombreada calle de la ciudad. Tal vez estén agrupados en un parque. O tal vez hayas encontrado un bosque junto a una ruta de senderismo. Puede que los árboles sean altos y majestuosos o jóvenes, recién plantados y llenos de energía. Tu arboleda es tuya y todo lo que necesitas, al igual que tú eres todo lo que ella necesita.

Siente el cosquilleo de la hierba o la presión de las rocas bajo tus pies. Huele el aroma de la tierra y el aire fresco y húmedo del bosque. Escucha el crujido de las ramas y el canto de las hojas. Escucha a los pájaros que pasan volando y a los insectos o criaturas que viven en los árboles o bajo ellos. Ahora eres uno de ellos. Visualiza la red de ramas que se extiende hacia arriba y hacia fuera y la red de raíces que se extiende hacia abajo y hacia fuera, rodeándote, protegiéndote desde arriba y desde abajo.

Di en voz alta o mentalmente: «Te elijo a ti. ¿Me eliges?». Escucha la respuesta.

Visita tu arboleda a menudo. Conoce cada uno de los árboles, revísalos y dales cariño. Poco a poco, conocerás a los animales que viven allí por las señales que dejan. A lo largo del año, verás cómo cambia tu arboleda sagrada, cómo nacen nuevos brotes, cómo envían sus semillas al mundo, cómo se instalan para un largo sueño invernal. Puedes meditar en su refugio, pedirle consejo y compartir con ella tus alegrías y tus penas. Tú eres su cuidadora, quien la vigila, la atiende y la protege para las generaciones que vendrán después de ti.

Sobre pedir permiso

Cuando se practica magia verde o cualquier magia que implique a otro ser vivo, es importante trabajar con pleno consentimiento y participación. Esto es especialmente relevante cuando se trata de cosechar hierbas o cortar esquejes de árboles, ya que no suele ser beneficioso para la planta. Hay excepciones, por supuesto, pues la poda puede promover el crecimiento y el raleo puede ayudar a las hierbas a crecer, pero en general estas plantas nos están dando un trozo de sí mismas y debemos pedirles permiso para recibir estas bendiciones.

Pedir permiso puede ser tan sencillo como un «por favor» susurrado, un gesto respetuoso con la cabeza o incluso una intención silenciosa. Aunque para algo un poco más complicado, puedes considerar el siguiente ritual.

Primero, elige una ofrenda. Puede ser una piedra lisa que hayas encontrado cerca, una hoja caída que te haya llamado la atención o un poco de agua vertida de tu botella. Arrodíllate ante la planta en cuestión e inclina la cabeza. Cierra los ojos y déjate llevar por el ritmo de la planta. Cada planta tiene su propio tipo de respiración, así que usa tu imaginación e intuición para encontrar esa misma respiración dentro de ti. Extiende la mano no dominante y toca la planta, ya sea rozando sus hojas con las yemas de los dedos, acariciando sus pétalos o presionando la palma contra su corteza.

Si te vienen palabras de gratitud, pronúncialas en voz alta o en tu corazón. Cuando te sientas bien, coge lo que necesites, ni más ni menos. Cuando hayas terminado, cava un pequeño hoyo cerca de la planta con la punta de los dedos y coloca o vierte allí tu ofrenda, fijando tus intenciones de devolver a la planta lo que te ha dado por partida triple.

Los cristales y la magia del bosque

Los cristales forman parte del mundo natural. Se forman cuando elementos líquidos como el carbono, el calcio y la sílice se endurecen y se funden para formar un entramado (un patrón repetitivo) en su estructura. En esencia, son rocas muy bonitas. Pero se han formado a lo largo de millones de años, creciendo con la misma lentitud que los pinos, las secuoyas, los enebros y los cipreses, que viven miles de años. Al igual que los árboles de nuestros bosques, cada cristal es diferente. Sus estructuras geométricas internas varían de un tipo a otro y, con esa divergencia, atraen una variedad de energías diferentes.

Al igual que las plantas de este libro tienen ciertas propiedades mágicas (regalos que podemos recibir con el corazón y la mente abiertos), los cristales también tienen dones mágicos y energéticos. Algunos de los hechizos de este libro recomiendan el uso de ciertos cristales para apoyar los atributos naturales de las plantas, así que aquí tienes un rápido manual sobre los cristales sugeridos y sus significados.

ÁGATA • aporta valor, fuerza y confianza en tus propias capacidades.

ÁGATA DE ENCAJE AZUL • te ayudará a liberar la ira para que puedas comunicarte con claridad.

AGUAMARINA • ayuda a expresar tu yo más íntimo.

AMATISTA • aporta calma y tranquilidad en la meditación, y puede ayudarte a desarrollar tu intuición.

AVENTURINA • conocida como la «piedra de la oportunidad», te proporcionará suerte y riqueza.

CALCITA • amplifica tu nergía para que puedas comunicarte mejor con el mundo invisible.

CORNALINA • potencia la creatividad y la sensualidad.

CRISOCOLA • también conocida como «la piedra de la diosa» te ayudará a conectar con tu poder femenino.

CUARZO ROSA • piedra del amor dulce y suave.

CUARZO AHUMADO • bueno para la concentración y la fertilidad, así como para la protección, ya que pone en marcha los instintos de supervivencia.

FLUORITA • ayuda a la concentración y a la toma de decisiones.

HELIOLITA • invita a la felicidad y al bienestar, y estimula la energía para que se mueva libremente por el cuerpo.

JADE • ayuda a potenciar la ambición, así como la longevidad.

LAPISLÁZULI • esta poderosa piedra aumenta tu capacidad psíquica.

MOOKAITE • conocida como la «piedra de la aventura», la mookaite te guiará por tu camino sabiendo que te esperan muchas bifurcaciones.

OBSIDIANA • te protegerá de fuerzas que no puedes ver y te ayudará no solo a enfrentarte a lo que más temes, sino a comprenderlo.

OJO DE TIGRE • aumenta el poder personal y el sentido de la integridad.

ÓPALO • amplificará tus poderes místicos e invitará a la creatividad.

PERIDOTO • símbolo del sol, invitará a la energía, la positividad y la luz.

PIRITA • también conocida como «el oro de los tontos», la pirita ofrece protección y energía.

TURMALINA NEGRA • piedra protectora que coloca un escudo energético a tu alrededor, bloqueando cualquier negatividad.

El calendario de los árboles

Todas las culturas de la historia han creado algún método para seguir las estaciones, su propio calendario, y a menudo lo han hecho guiándose por el cielo nocturno. Las estrellas se mueven y la luna cumple su ciclo. Estas constantes místicas pero predecibles han guiado a las culturas nativa americana, hawaiana, china, árabe, hebrea, hindú, maorí… y la lista es interminable. Incluso la astrología occidental, con sus signos solares (Aries, Leo, Sagitario, etc.), se basa en estas mismas coordenadas celestes. Hay mucho que explorar en los cielos.

Sin embargo, para los fines de la magia verde, vamos a centrarnos en un calendario menos conocido pero bastante relevante: el horóscopo celta de los árboles. Existen algunas dudas sobre su historicidad: hay escasas pruebas que sugieren que se remonta al año 8000 a. C., mientras que otras investigaciones parecen indicar que fue una pseudoinvención del poeta e historiador Robert Graves en 1948. Graves basó este calendario en los trabajos de Roderick O'Flaherty, un historiador de finales del siglo XVIII, y posiblemente también en el *Libro de Ballymote* del siglo XIV, que contiene una descripción del Ogham, el antiguo alfabeto celta de los árboles, el cual indiscutiblemente tiene orígenes históricos.

Independientemente de cuándo o cómo surgió este calendario de árboles, es un maravilloso ejemplo de cómo la magia, al igual que el lenguaje, sigue evolucionando. Estamos creando constantemente nuevas formas de conectar con los poderes místicos y espirituales de nuestro mundo. Y eso es bueno: nos recuerda que, aunque somos tan eternos como las estrellas lejanas, también evolucionamos. Podemos movernos y cambiar, crear nuevos caminos y posibilidades… nueva magia en nuestras propias vidas.

Ogham

Este alfabeto celta de principios de la Edad Media puede encontrarse inscrito en pilares de piedra esparcidos por lo que hoy es Irlanda, Escocia y Gales. Algunas teorías sugieren que se creó como forma de comunicación encubierta para que la gente se dejara mensajes secretos que no pudieran ser interceptados por el Imperio romano que los invadía. Actualmente, el Ogham se utiliza a menudo para la adivinación, como las runas nórdicas (Futhark) o el I Ching.

Cada una de las letras del alfabeto ogham recibe el nombre de un árbol y tradicionalmente se inscriben en cinco palos, cada uno de los cuales crece hacia arriba formando, en esencia, un árbol de árboles.

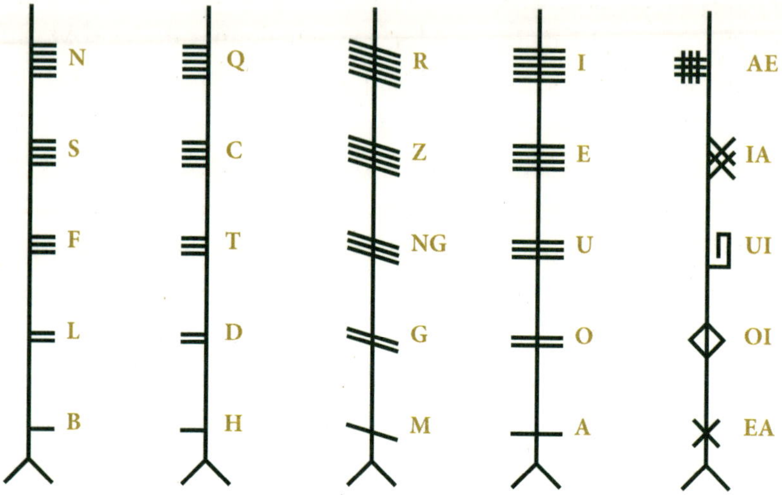

B, BEITH • el abedul, representante de los nuevos comienzos, el cambio y la purificación.

L, LUIS • el serbal, representante de la perspicacia, la protección y las bendiciones.

F, FEARN • el aliso, representante de la conexión entre el mundo visible y el invisible.

S, SAILLE • el sauce, representante del conocimiento y el crecimiento espiritual.

N, NION • el fresno, representante de la conexión entre el yo interior y exterior y de la creatividad.

H, HUATH • el espino, representante de la limpieza, la protección y la defensa.

D, DUIR • el roble, representante de la fuerza, la resistencia y la confianza en uno mismo.

T, TINNE • el acebo, representante de la inmortalidad, el valor y la protección.

C, COLL • el avellano, representante de la vida, la sabiduría, la creatividad y el conocimiento.

Q, QUERT • el manzano, representante del amor, la fe y el renacimiento.

M, MUIN • la vid, representante de la profecía y la verdad.

G, GOT • la hiedra, representante del crecimiento, lo salvaje y el ciclo del renacimiento.

NG, NGEATAL • el carrizo, representante de la salud, la curación y la comunidad.

Z/ST, STRAITH • el endrino, representante de la autoridad, la fuerza y el control.

R,RUIS • el saúco, representante de los finales, la madurez y la sabiduría.

A, AILIM • el olmo, representante de la flexibilidad, la claridad de visión y los objetivos a largo plazo.

O, ONN • la aulaga, o tojo, representante de los planes a largo plazo, la determinación y la perseverancia.

U, UHR • el brezo, representante de la pasión, la generosidad y la curación.

E, EADHADH • el álamo, representante de la resistencia, el valor y el éxito.

I, IODHADH • el tejo, representante de los finales, el renacimiento y el cambio.

EA, EABHADH • la arboleda, representante de múltiples árboles, que simboliza la conexión, la resolución de conflictos y la justicia.

OI , OUR • el bonetero, representante de la fuerza, el trabajo duro y la familia.

UI, UILLEAN • la madreselva, representante de la fuerza de voluntad, los deseos y los sueños.

IA, IFIN • el pino, representante de la claridad de visión y la liberación de la culpa.

AE, AMHANCHOLL • el avellano de bruja, representante de la pureza, la limpieza y los nuevos comienzos.

El Zodiaco de los árboles

El calendario de los árboles se basa en ciclos lunares, más que en el calendario gregoriano, por lo que tiende a cambiar, pero aquí tienes una guía básica para encontrar tu signo arbóreo. Trataremos cada uno de estos árboles con más detalle a lo largo del libro, pero esta sección te servirá para empezar a comprender tu tipo de árbol según tu personalidad.

ᚁ

ABEDUL

(24 de diciembre - 20 de enero)

El abedul tiende a ser muy enérgico y ambicioso. Se esfuerza constantemente y es lo bastante fuerte como para resistir lo que la vida le depare. Es un líder nato y puede inspirar a otros a alcanzar grandes metas.

ᚂ

SERBAL

(21 de enero - 17 de febrero)

El serbal es una criatura filosófica por naturaleza, intuitiva e idealista. Aporta una nueva perspectiva a cualquier situación, aunque a menudo es callado y se guarda sus opiniones para sí mismo a menos que se le presione. Sin embargo, su fuego interior arde con fuerza y su creatividad puede aportar grandes cambios al mundo.

FRESNO

(18 de febrero - 15 de marzo)

El fresno es imaginativo y artístico. Su vívido mundo interior puede volverle un poco temperamental a veces, pero su sentido de la maravilla y la posibilidad, así como su intuición y creatividad, le permiten comprender su propia identidad de una forma profunda y siempre creciente.

ALISO

(16 de marzo - 14 de abril)

El aliso es el Leo del Zodiaco de los árboles. Son apasionados, fogosos y carismáticos. Son seguros de sí mismos, lo que, por supuesto, tiende a atraer a los demás hacia ellos. Su confianza les ayuda a explorar nuevas posibilidades.

SAUCE

(del 15 de abril - 12 de mayo)

El sauce tiene una naturaleza amable y la sensación de que todas las cosas, buenas y malas, pasarán: el ciclo siempre continuará. Su inteligencia, tanto emocional como intelectual, les permite tener éxito en su carrera y en sus relaciones. Tienen una memoria extraordinaria y pueden retener tanto el significado como el sentido de las cosas.

ESPINO

(13 de mayo - 9 de junio)

Para cualquiera que no los conozca bien, el espino puede parecer racional y práctico… pero en el fondo es muy creativo e incluso un poco bromista. Muy curioso, lo que le permite ver la gracia en la mayoría de las situaciones. Se adapta y moldea sin problema, es cambiante como un camaleón por fuera, pero fiel a sí mismo por dentro.

ROBLE

(10 de junio - 7 de julio)

El roble es un protector fuerte y feroz. Posiblemente, trabaje a favor de causas que promuevan la justicia social o la protección del medio ambiente. Aunque su ferocidad se ve atenuada por la dulzura y el optimismo ante el mundo. Cargan con el peso de la historia y de sus antepasados, lo que les lleva a valorar a la familia, ya sea escogida o no, por encima de todo.

ACEBO

(8 de julio - 4 de agosto)

El acebo es una líder natural debido a su perseverancia y dedicación. Inspira a los demás porque nunca, nunca se rinde. Su inteligencia innata y su naturaleza competitiva son el combustible que impulsa a su ambición, pero también es amable y generoso, y se preocupa profundamente por las personas que forman parte de su vida.

AVELLANO

(5 de agosto - 1 de septiembre)

El avellano es organizado, eficiente y extremadamente inteligente. Destaca en los estudios y su naturaleza analítica le ayuda a tomar decisiones rápidas e inteligentes. Se siente atraído por la ciencia y quiere entender y tener éxito en diferentes áreas, desde la artesanía a la repostería o la astronomía.

VID

(2 de septiembre - 29 de septiembre)

La vid es profundamente empática y su capacidad para ver la perspectiva de los demás puede hacer que tenga dificultades para tomar decisiones o elegir el camino correcto. También puede parecer impredecible desde fuera, ya que su naturaleza intuitiva puede resultar contradictoria a los demás. Disfruta intensamente de los placeres de la vida.

HIEDRA

(30 de septiembre-27 de octubre)

La hiedra es leal y cariñosa, de naturaleza generosa: siempre está disponible para ayudar u ofrecer todo el apoyo que pueda. Cuando se enfrenta a una dificultad, le cuesta pedir ayuda y, a menudo, la soporta en silencio, pero tiene una gran fe y optimismo en que todo saldrá bien.

CARRIZO

(28 de octubre-23 de noviembre)

El carrizo es reflexivo y, en ocasiones, reservado. Piensa profundamente y quiere saber por qué el mundo es como es. Sería un excelente historiador, científico, arqueólogo o periodista. Le dan muchísima importancia a la verdad.

SAÚCO

(24 de noviembre - 23 de diciembre)

El saúco es un espíritu libre, franco y creativo. Busca constantemente nuevas experiencias y nuevos retos. A pesar de su estilo de comunicación directo, es cariñoso y generoso, y siempre está dispuesto a ofrecer su abundante apoyo.

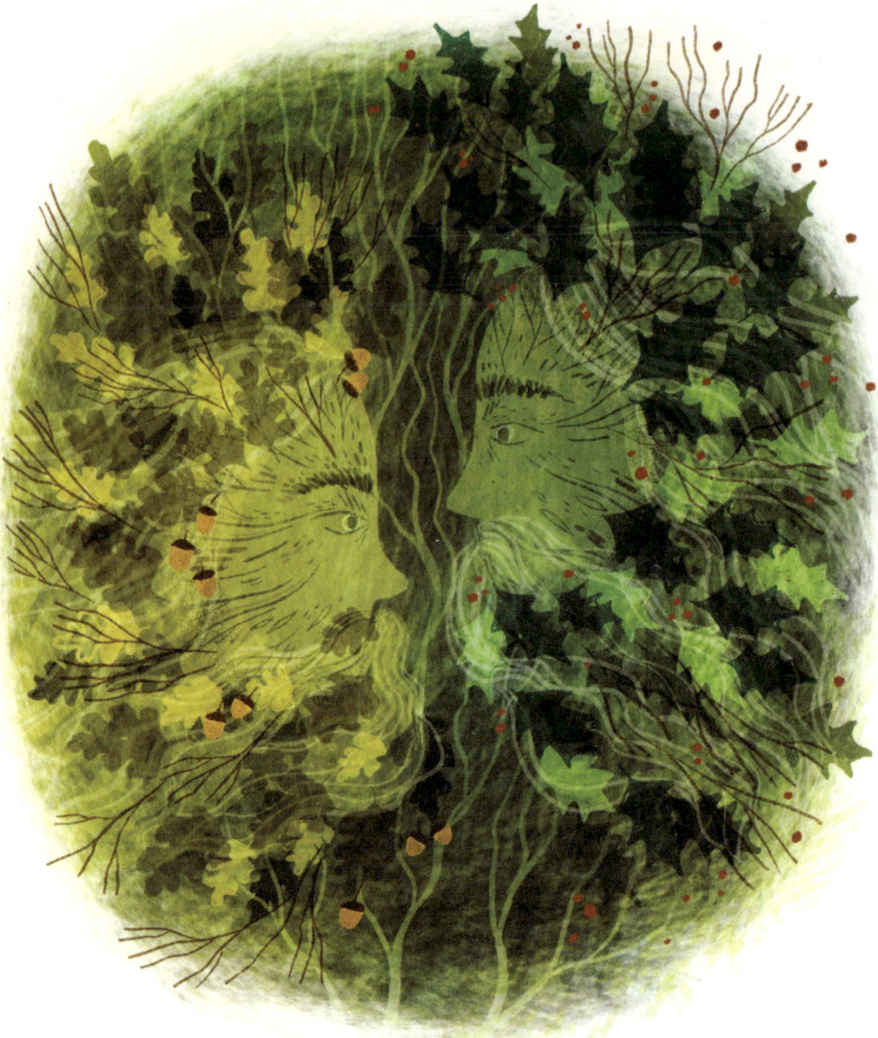

El cuento del rey Roble y el rey Acebo

Todas las culturas del mundo tienen una tradición folclórica que explica la rueda del año, el cambio de las estaciones en un ciclo eterno. En la antigua Grecia, Perséfone, hija de Deméter, diosa de la fertilidad y la agricultura, es la diosa de la primavera y fue amada por Hades, señor del inframundo. Este se la llevó a su tierra en contra de su voluntad (las leyendas griegas eran especialmente reprobables en este sentido) y su furiosa madre se negó a permitir que creciera ninguna planta hasta que Perséfone le fuera devuelta. Pero Perséfone ya había consumido seis semillas de una granada, el fruto del inframundo, que la convirtió en su reina. Así, la diosa de la primavera pasa la mitad del año en el inframundo, y el mundo vuelve a la vida cuando ella regresa a casa.

En una historia muy parecida de los Hopi, la doncella del Maíz Azul estaba recogiendo leña cuando se encontró con el katsina invernal, el espíritu del invierno. Se enamoró de ella y se la llevó a su casa, donde la retuvo incluso después de que ella deseara volver a casa, de forma parecida a como Hades retuvo a Perséfone. Pero un día, la doncella del Maíz Azul cavó su camino a través de la nieve y encendió un fuego, lo que derritió un sendero que permitió al katsina del verano salvarla. El katsina del invierno y el katsina del verano se enfrentaron en una batalla, pero pronto acordaron que ninguno de los dos podía ser el vencedor, y la doncella del Maíz Azul aceptó pasar la mitad del año con el verano y la otra mitad con el invierno.

En las tradiciones paganas, el espíritu del verano, conocido como el rey Roble, y el espíritu del invierno, el rey Acebo, se enfrentan y no por una hermosa doncella. Luchan porque deben hacerlo, porque son el espejo del otro y también su antítesis. Aunque uno no puede existir sin el otro, siempre lucharán por la supremacía, ganando y perdiendo y volviendo a ganar, una y otra vez, para siempre.

El rey Roble, regente de los meses más cálidos y luminosos, representa el crecimiento y la expansión. Su mitad de la rueda del año es un tiempo para trabajar e imaginar. Las posibilidades que ofrece son infinitas, pero también pueden resultar engorrosas y, con el tiempo, incluso agotadoras.

En todas estas historias, hay una tendencia natural a valorar el calor sobre el frío y la luz sobre la oscuridad. A medida que el año se desvanece, podemos maldecir la disminución simultánea de los poderes del rey Roble. Pero lo cierto es que necesitamos el descanso que nos proporciona el rey Acebo: nadie puede esforzarse eternamente sin un respiro. La época del rey Acebo es un periodo de seguridad y restauración, en el que el mundo sueña y se prepara para un nuevo comienzo.

Por eso, en lugar de preferir uno u otro, podemos honrarlos a ambos. Ni siquiera tenemos que pensar en ellos como enemigos, enzarzados en una eterna lucha por el poder. En lugar de eso, podemos pensar en ellos como amigos que disfrutan de un juego agradable y competitivo, sabiendo que cada uno ganará y perderá y volverá a ganar, y siempre que uno triunfe sobre el otro, nos proporcionará los dones que hemos anhelado en su ausencia.

Parte 1

El rey Roble

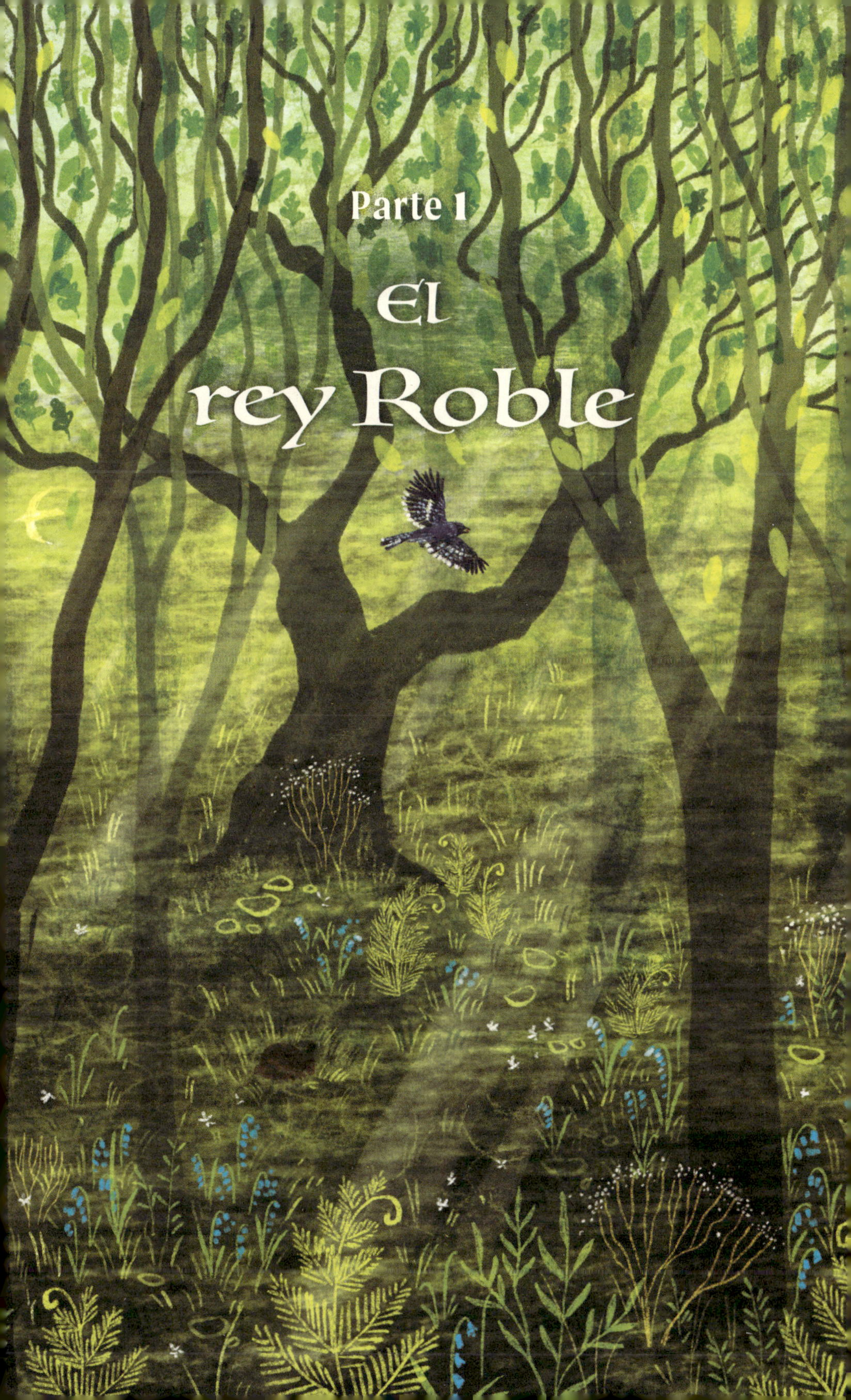

Emblema del rey Roble

La figura del rey Roble suele vincularse con el Hombre Verde, una deidad de la fertilidad que encarna el vigor y la renovación del bosque. Y en verdad, ¿qué símbolo podría ser más apropiado para tu arboleda sagrada? Las representaciones del Hombre Verde, ya sea en tallas o emblemas, se han descubierto por todo el mundo: desde Irak hasta Nepal, pasando por India y diversos rincones de Europa, con hallazgos que se remontan al siglo II.

Estos emblemas suelen adoptar tres formas:

LA CABEZA FOLIADA, que está totalmente cubierta de hojas verdes.

LA CABEZA QUE EXHALA VEGETACIÓN o que expulsa vegetación por la boca.

LA CABEZA INVADIDA, que parece tener vegetación brotando de su cráneo, incluidos los ojos, la nariz, la boca y las orejas.

Si todo esto te parece un poco aterrador, no eres la única. Una rápida búsqueda del Hombre Verde en internet arrojará resultados bastante desagradables, y no hay ninguna razón para que coloques un emblema repugnante o desagradable en tu remanso de paz, magia y creatividad.

En lugar de eso, piensa en lo que el concepto del rey Roble (y del Hombre Verde) significa para ti y piensa en la mejor forma de crear o encontrar algo que encarne ese concepto. Tal vez eso signifique pasear por tu arboleda en busca de una roca cubierta de musgo o caminar por una orilla cercana para encontrar un trozo de madera flotante. Tal vez signifique pintar algo (no hace falta que sea una cara, aunque puede serlo) y recubrirlo de cera o plastificarlo para que resista las inclemencias del tiempo. Podrías hacer una sencilla talla en madera o trabajar con arcilla. Puedes moldear palos y hojas para hacer una escultura con forma de cabeza.

En realidad, el emblema no importa demasiado. Lo que importa es el significado que le des.

Una vez seleccionado el emblema, llega el momento de incorporarlo a tu arboleda. No se trata simplemente de colgar un cuadro o depositar una estatua sin más, y de hecho, si la arboleda se encuentra en terreno público, es posible que no esté permitido. En tal caso, deberás portar el emblema contigo. Esto, lejos de ser un inconveniente, resulta extraordinario, pues te permitirá llevar consigo el espíritu de tu arboleda sagrada, algo especialmente valioso cuando no puedas visitarla en persona.

Lo ideal es buscar un lugar donde el emblema pueda reposar naturalmente entre las raíces o sobre una rama del árbol; después de todo, no querrás clavar nada en tu espacio sagrado. Cuando encuentres el sitio adecuado, inclina la cabeza y escucha lo que los árboles tienen que decirte. Al percibir su aceptación e interés, coloca el emblema con delicadeza y reverencia. Este símbolo del rey Roble permanecerá aquí durante medio año, desde los primeros susurros de la primavera hasta el último aliento del verano. Visítalo con frecuencia.

Ritual del amanecer

Los rituales del amanecer son, por naturaleza, asuntos somnolientos. El mundo se está despertando. Por muy tentador que sea tomarse una taza de café o té antes de realizar este ritual, intenta contener ese impulso. No pasa nada por tener sueño. Permítete experimentar esa sensación. Déjate llevar por ese ritmo pausado, tambaleándote suavemente en la penumbra.

Hay una pesadez en la luz y en el aire que refleja el letargo de tu propio cuerpo. Por mucho que te cueste abandonar la cama, piensa que es como si la tierra misma luchara por liberarse del peso del sueño.

En verdad, esa densidad en el aire puede llegar a sentirse casi sofocante, pero entonces... amanece. Se despliega el prodigio del día. El sol emerge trayendo consigo una explosión de energía junto con su estallido de luz.

Mientras otros rituales pueden ser más elaborados, con vestimentas especiales y un aire ceremonial, este puede realizarse en pijama, envuelto en la penumbra grisácea. No demanda gran esfuerzo de tu parte. De hecho, puede ser tan simple como salir al exterior y ofrecer un saludo adormilado al sol naciente.

Pero si te sientes llamada a hacer algo más, desliza las yemas de los dedos sobre las briznas de hierba que centellean bajo esta luz tan singular. Deja que tu mirada se pose sobre una telaraña brillante. Recoge el rocío, esa agua salvaje del amanecer, y déjate impregnar por ella. Acaricia con ella tus párpados, sienes, la base del cuello, el pecho...

René Daumal escribió: «Cada amanecer trae consigo la manifestación completa del misterio». Reflexiona: ¿qué significa «el misterio» para ti? ¿Qué alcanzas a vislumbrar en esta luz sagrada?

Imbolc

1 de febrero

Imbolc acontece cuando el primer rubor de la primavera se asoma al mundo. También conocido como el Día de Santa Brígida, se celebra en el punto medio entre el solsticio de invierno (llamado asimismo Yule o el día del rey Acebo) y el equinoccio primaveral (conocido también como Ostara). Imbolc marca el principio del fin del invierno, el momento en que el rey Roble comienza su ascensión.

Brígida, diosa celta convertida en santa católica, gobierna el ganado. Piensa un momento en el término «ganado». Hoy en día, pensamos en campos malolientes de ganado vacuno y porcino cuyo principal objetivo en la vida es convertirse en tocino. Pero hubo un tiempo en que se entendía, a nivel físico y espiritual, que estos animales proporcionaban vida y, por tanto, se les trataba con el respeto que merecían por ser recursos tan valiosos. Se les cuidaba y atesoraba. Una bruja del bosque no tiene por qué ser vegana o vegetariana, pero todas deberíamos vivir con respeto por las criaturas que nos sustentan.

Brígida también gobernaba sobre la sabiduría, la poesía, la curación y la protección, atributos que resuenan más con el tiempo de descanso del rey Acebo. Es casi como si su papel consistiera en trasladar esos aspectos a la época del rey Roble. Las muñequitas hechas con hojas de maíz sobrantes de la cosecha se conocían como Brideogs, y sirven como encarnaciones de Brígida para Imbolc. Las cruces de Brígida están hechas de carrizos o hierbas secas entretejidas y pueden colgarse en las ventanas como protección.

A Brígida se la asociaba con los pozos clootie, pozos curativos sagrados que se encuentran en las zonas celtas de Europa, como Escocia, Cornualles e Irlanda. Estos pozos eran manantiales de agua dulce que brotaban de la base de un árbol, normalmente un espino o un fresno. Cuando una persona necesitaba curarse, cogían agua del pozo para mojar un trozo de tela con el que ungían o lavaban la parte del cuerpo lesionada. Luego ataban el paño a una rama del árbol y a veces daban vueltas alrededor del pozo un número sagrado de veces (a menudo un múltiplo de tres o siete) antes de dejar una ofrenda de una moneda o una piedra.

Peregrinar a un pozo clootie es una forma tradicional de celebrar Imbolc, aunque, por supuesto, quienes viven en otras partes del mundo deben adaptar su propia versión de esta peregrinación.

Puedes buscar la ubicación de un manantial, arroyo o estanque cercano; cualquier forma de agua salvaje servirá (es decir, agua que no haya sido gestionada por el hombre).

Elige bien tu ofrenda. No tiene por qué ser algo grande o valioso; simplemente debe tener un significado para ti. Puede ser un penique que hayas encontrado o una piedra que, cuando la sostienes, sientes que es la correcta. También puedes dejar una Brideog o una cruz de Brígida. El paño puede ser cualquier cosa, desde una cinta hasta un trozo de tela; de nuevo confía en tu intuición.

Tu visita a un pozo clootie no tiene por qué ser debido a una dolencia física. Puede que desees curarte la ansiedad, sentimientos heridos, una relación, incluso un corazón roto.

Dependiendo de la ubicación del pozo elegido, es posible que quieras retirar la ofrenda y el paño al final del ritual. No te preocupes, el significado y la magia de tu interacción con el pozo permanecerán.

PLANTAS QUE CRECEN CUANDO SE ACERCA IMBOLC

ABEDUL
Betula alba

Beith, el abedul, es el primero en revivir tras un incendio forestal y el primero en despertar tras su sueño invernal. Los árboles más jóvenes tienen una corteza fina, parecida al papel, que se desprende en láminas. La variedad de abedul dulce americano produce un aceite parecido a la cerveza de raíz que se utiliza para aromatizar la cerveza de abedul. Una infusión hecha con hojas nuevas recogidas en primavera puede ayudar a curar la piel seca y agrietada del

serbal
olmo
azafrán de la nieve
eléboro
acónito de invierno
campanilla de invierno
abedul

invierno, y las infusiones o extractos de hojas de abedul pueden facilitar la digestión. Los terpenos (aquellos compuestos responsables de la fragancia de las plantas) del abedul evocan en muchas personas una sensación de serenidad y bienestar. Este árbol simboliza la renovación y los nuevos comienzos, además de la protección y la purificación. Se dice que atar una cinta roja a una de sus ramas despliega un manto protector a su alrededor, y las cunas elaboradas con su madera resguardan a los bebés de influencias malignas. Como amuleto protector, pueden portarse o colgarse pequeñas ramas de abedul o ramitas con símbolos Ogham grabados.

Hechizo sugerido

Recoge un trozo de corteza de abedul. Si lo coges fresco del árbol, asegúrate de hacerlo con mucho cuidado de no alterar la corteza más oscura y gruesa que hay debajo. Lava la corteza suavemente con agua tibia y jabón, alísala y déjala secar. Una vez seca, puedes escribir en ella con tu bolígrafo favorito, no necesitas ningún tipo de tinta especial. Plantéate esta pregunta: ¿qué quieres que te aporte el abedul? Puedes escribir tus intenciones para un nuevo comienzo o tus puntos débiles, es decir, cualquier aspecto de tu vida en el que necesites protección adicional. A menudo, puedes sentir la necesidad de escribir ambas cosas, ya que la mayoría de las veces están entrelazadas.

AZAFRÁN DE LA NIEVE

Crocus

El azafrán de nieve es una de las primeras flores que despunta al comenzar el año. Esta planta alberga una poderosa energía sanadora, por lo que deslizar su flor sobre una herida puede ayudar en la recuperación de esguinces o acelerar la sanación de fracturas óseas. Antiguamente en Irlanda existía la costumbre de enjuagar la ropa de cama con agua de azafrán para propiciar la fortaleza y la curación durante el sueño. El azafrán representa la alegría y resulta especialmente propicio para rituales vinculados a los nuevos comienzos, el amor, la amistad, la paz y la adivinación.

Hechizo sugerido

Para realizar una adivinación, toma una flor de azafrán y sostenla delicadamente entre el índice y el pulgar de tu mano no dominante. Desliza los dedos hacia delante y hacia atrás, haciendo girar el tallo. Concentra tu mirada en el centro de la flor mientras rota, deja que tu visión se difumine y contémplala como si fuera un molinete. ¿Qué percibes? Si el azafrán simboliza los nuevos comienzos, ¿qué está naciendo en tu vida?

OLMO
Ulmus

El olmo, o Ailim, es uno de los primeros árboles en florecer; sus capullos aparecen a finales de enero. Se dice que es el preferido de las hadas, por lo que se instalan en sus ramas o bajo sus raíces. Se trata de un árbol protector, pero también cariñoso. Si te llevas trozos de su corteza, atraerás a tu vida un amor cálido y dulce. Debido a su temprano regreso al mundo del rey Roble, el olmo es también un árbol de la clarividencia, pues ofrece claridad y previsión.

Hechizo sugerido

Aprovecha el don del olmo para la planificación a largo plazo. Acerca un trozo de papel a un árbol grande, pasa la palma de tu mano por su corteza y fíjate en lo áspera y dentada, pero firme, que es. En el papel, escribe un objetivo actual con el mayor detalle posible. A continuación, coloca el papel contra la corteza y utiliza una cera para colorear o un lápiz blando para sombrear la textura y la energía del olmo sobre lo que has escrito, sin oscurecerlo, sino aportando la sabiduría y la ambición del olmo.

ELÉBORO

Helleborus orientalis

El eléboro, también conocido como rosa de Navidad, florece en febrero y algunas variedades siguen floreciendo hasta Beltane, a principios de mayo. Esta flor delicada y misteriosa inclina sus pétalos hacia el suelo, como si se inclinara ante la tierra, quizá por su relación con el inframundo. El eléboro es particularmente venenoso y, en la antigua Grecia, se utilizaba para envenenar el suministro de agua de una ciudad asediada, pero también se utilizaba para atajar la locura causada por Dioniso, el dios del éxtasis y los excesos festivos. Esta flor gótica y sombría crece en el suelo duro y helado, y se dice que también era muy apreciada por las brujas de antaño. De hecho, se rumorea que es uno de los ingredientes del ungüento volador, así como de un polvo que, al pisarlo, podía hacer invisible al hechicero. También proporciona protección y alivia la ansiedad: las mujeres victorianas llevaban un jarrón lleno de eléboro a una habitación donde había gente peleándose para que dispersara toda la energía negativa del ambiente.

Hechizo sugerido

A pesar de su historia más bien oscura, el eléboro es conocido por ser una flor de esperanza. Si lo pensamos detenidamente, quizá tenga sentido. Solo de la oscuridad puede surgir la esperanza, y es en medio de la oscuridad cuando más se necesita. Como el eléboro es tan venenoso, es mejor dejarlo donde crece. Si puedes, haz este hechizo justo antes del amanecer, sentada junto a la flor. Coge un papel y un lápiz y escribe todas tus preocupaciones, todo lo que te ha ido mal. Puede ser doloroso, pero deja que salga todo. Una vez que hayas terminado, frota los dedos en la tierra que hay junto al eléboro y utiliza esa tierra para borrar las marcas del lápiz, difuminándolas. Si quieres, cubre toda la hoja de papel con tierra y luego quítale el polvo. Las manchas permanecerán, y puedes guardar el papel en tu bolsillo o dejarlo en tu altar como recordatorio de que la energía esperanzadora del eléboro te guía hacia adelante, a través del frío y duro suelo de tus luchas, para florecer en la luz del amanecer.

SERBAL
Sorbus

Luis, o serbal, es un árbol parecido a un arbusto adornado, a menudo, con bayas de color rojo sangre. Estas bayas, aunque ácidas y ligeramente amargas, se pueden utilizar para hacer mermeladas o infusiones. El serbal es un árbol que sirve muy bien para proteger a su portador de hadas, brujas y tormentas. Si veías a alguien bailando en un círculo de hadas, le podías rescatar sin ponerte en peligro ofreciéndole una rama de serbal. También se le conoce como «el árbol de los caminantes», ya que orienta a los que están perdidos. Hoy en día, sirve de portal entre lo conocido y lo desconocido; sentarse bajo sus ramas puede dar acceso a percepciones y conocimientos que quizá estaban ocultos. El serbal es en sí mismo un espacio liminal, un umbral entre lo que sabes y lo que crees saber.

Hechizo sugerido

Después de pedir permiso al árbol, corta dos ramitas pequeñas de sus ramas o, mejor aún, recoge algunas ramitas que ya hayan caído al suelo. Siéntate bajo el árbol y, con una cuerda o hilo rojo, crea una cruz de Brígida con las ramitas, enrollando la cuerda alrededor de estas hasta que queden bien sujetas. Con cada vuelta, murmura «protégeme» mientras das vueltas y vueltas al amuleto. Ata el cordel y cuelga la cruz de serbal en el umbral de tu casa para proteger tu propio espacio liminal.

CAMPANILLA DE INVIERNO
Galanthus nivalis

Galanthus significa «flor de leche» en griego, y la campanilla de invierno recibe este nombre por su tenue y dulce aroma a almendra lechosa. Otro nombre encantador para esta flor es hadas de febrero, quizá una referencia a un viejo cuento alemán en el que la nieve, que era incolora, rogaba a las flores que compartieran su color. Todas las flores se negaron, acaparando con avidez sus rojos, rosas, azules y naranjas. Pero la humilde campanilla de invierno, silenciosa y pequeña, se ofreció a compartirlo y así la nieve y la campanilla de invierno se fundieron la una en la otra. Estas flores son a menudo un poco desequilibradas, con un número desigual de segmentos, lo que las hace algo menos estéticas. Sin embargo, las apreciamos precisamente por sus imperfecciones y su variabilidad, por no hablar de su facilidad de reproducción y crecimiento. Las campanillas de invierno son particularmente eficaces cuando se utilizan en hechizos para la amistad, el consuelo, el amor propio, la memoria, la esperanza y la bondad.

Hechizo sugerido

Reúne un pequeño ramo de campanillas de invierno y llévatelas a casa. Mételas dentro de un jarrón o vaso y colócalas en un altar o en otro lugar donde las veas a menudo. Préstales atención. ¿En qué se diferencia cada flor de las demás? Inhala su suave y bondadoso aroma. Observa cómo tu amor por ellas no disminuye por ninguna de sus «imperfecciones». Deja que te sirva de ejemplo y siente y expresa amor por tus propias diferencias, debilidades y defectos.

ACÓNITO DE INVIERNO

Eranthis hyemalis

También conocido como la perdición del lobo, el acónito de invierno no está emparentado con el acónito (también conocido como matalobos) y no es tan venenoso, aunque tampoco es comestible. Sin embargo, es de gran importancia para las abejas, dada su temprana aparición, por lo que las primeras cosechas de miel en los lugares donde crece el acónito de invierno aportan energía y favorecen la curación. Esta dulce flor se hizo popular por primera vez en el siglo XVIII, cuando Lancelot «Capability» Brown, el famoso paisajista, empezó a plantarla en todas las fincas rústicas más de moda. Esta fama temprana hace que esta flor dulce y discreta resulte sorprendentemente efectiva si lo que se busca es la prosperidad o la manifestación de hechizos.

Hechizo sugerido

Recoge el acónito de invierno a media mañana o a última hora de la mañana, cuando el sol está alto pero aún está en ascenso. Arranca un puñado de flores y ponlas a flotar en un pequeño cuenco o taza de agua; mientras, observa cómo se retuercen y navegan como pequeñas barquitas. Coloca suavemente una gota de agua en vasitos amarillos, expresando tu intención de obtener curación y energía con cada gota. Para mayor beneficio, consume una cucharadita de miel local.

Ostara

El equinoccio de primavera

Aunque los relatos varían, existe un a versión del conflicto estacional entre el rey Roble y el rey Acebo que afirma que sus batallas tienen lugar en los dos equinoccios, cuando la duración del día es igual a la de la noche y los dos reyes son igual de poderosos. Por supuesto, siempre debe ganar uno, y así, en Ostara, el rey Roble derrota al rey Acebo.

Ostara, o Alban Eilir, celebra también a otra deidad, Eostre, la diosa germánica de la primavera y la fertilidad. Según algunas leyendas (las cuales es muy difícil saber hasta cuando se remontan), Eostre envió un pájaro para anunciar la primavera. Pero su mensajero alado no pudo sobrevivir al duro invierno del norte y regresó a ella congelado y a punto de morir. Eostre salvó al pájaro y lo transformó en una criatura peluda con fuertes patas traseras que podían transportarlo grandes distancias y a gran velocidad; largas orejas que podían detectar a cualquier depredador y una capacidad de reproducción alarmantemente alta, un rasgo adecuado para una diosa de la fertilidad. En agradecimiento, la criatura que antes había sido un pájaro salpicaba la tierra de huevos de colores brillantes, anunciando el regreso de la primavera.

Si siempre te has preguntado por qué la Pascua se asocia con conejos, aquí tienes la respuesta.

Para celebrar el equilibrio entre la luz y la oscuridad y saber que, a partir de ahora, la luz reinará por encima de todo, invita al espíritu de Eostre a tu arboleda sagrada colgando huevos de las ramas de los árboles. Establece una intención con cada huevo que cuelgues: fertilidad (que también puede ser para la creatividad), prosperidad, crecimiento y un nuevo comienzo.

HUEVOS HUECOS

Coge un huevo o varios, los que quieras, y agítalos. ¡Con un poco de energía! Quieres romper la yema y las membranas. Con unas tijeras afiladas o un cuchillo para manualidades, haz un pequeño agujero en la parte superior e inferior de los huevos. Inserta un palito o pincho de madera en el huevo y muévelo arriba y abajo, girándolo, para alisar los agujeros.

Acércate uno de los agujeros a los labios y sopla dentro, utiliza el aire para sacar el huevo por el otro agujero. (Será mejor que tengas un cuenco preparado para recogerlo: ¡tienes un huevo revuelto en camino!) Sigue así hasta que el huevo esté completamente vacío.

Aclráralo, sécalo y ¡decóralo! Puedes utilizar colorantes alimentarios o tintes para huevos de Pascua, o bien tintes naturales.

HUEVOS TEÑIDOS DE MANERA NATURAL

La fórmula para teñir huevos con productos alimenticios corrientes es la siguiente:

COL MORADA PICADA = azul en huevos blancos, verde en huevos marrones

PIELES DE CEBOLLA ROJA = lavanda en huevos blancos, rojo en huevos marrones

CÁSCARAS DE CEBOLLA AMARILLA = naranja en huevos blancos, rojo óxido en huevos marrones

REMOLACHA RALLADA = rosa sobre huevos blancos, granate sobre huevos marrones

Para hacer tinte, añade una proporción de una gota de agua por cada gota de tinte en una olla; de esta manera, por una taza de agua, añade una taza de pieles de cebolla, etc. Lleva el agua a ebullición y déjala cocer a fuego lento, tapada, durante treinta minutos. Se retira del fuego y se deja enfriar. Cuela los colorantes y añade una cucharada de vinagre blanco por cada taza de agua. Añade los huevos, asegurándote de que queden completamente sumergidos. (Ten cuidado si utilizas huevos soplados, ya que son bastante frágiles. Este método también funciona bastante bien con huevos duros). Déjalos en remojo toda la noche en el frigorífico.

PLANTAS QUE CRECEN CUANDO SE ACERCA OSTARA

ALISO

Alnus

En la época de Ostara, Fearn, el aliso, florece. Habita las orillas de los ríos y sus raíces se hunden profundamente en el agua. De hecho, la madera de aliso que ha estado sumergida en el agua durante un tiempo no se pudre, sino que crece aún más fuerte. Se dice que el aliso es un árbol portal, que permite el acceso a los reinos de las hadas o, en términos más prácticos, el acceso a otras perspectivas o formas de ver una situación. Se dice que el aliso está protegido por los espíritus del agua, pero sus ramas pueden utilizarse para hacer silbatos que llamen a los espíritus del aire. El aliso es también un árbol muy protector, que ofrece refugio y seguridad en tiempos de peligro. Puedes aprovechar esa seguridad reuniendo ramitas de aliso y utilizándolas como amuleto protector.

Hechizo sugerido

Para hacer tu propia varita de aliso, recoge una ramita, después de pedir permiso, por supuesto, que tenga la misma longitud que tu codo y la punta de tus dedos. Con un cuchillo pequeño, raspa la corteza, siempre lejos de tu cuerpo. (Si quieres, también puedes dejar algo de corteza en su sitio para que la varita tenga un aspecto más nudoso). Con el cuchillo, redondea con cuidado los extremos de la varita para que no queden afilados. A partir de ahí, añade los toques personales que quieras. Puedes grabar un sigilo en la varita o envolver la base con una cuerda o hilo, el negro suele ser un color protector o puedes elegir el blanco para realizar una limpieza. También puedes pegar un cristal protector, como la turmalina negra, cuarzo ahumado u obsidiana.

aliso
narciso
cerezo
menta
aulaga
ciclamen
fresno

FRESNO

Fraxinus excelsior

En la mitología nórdica, Yggdrasil, el árbol del mundo, era un enorme fresno, conocido como Nion en Ogham. Las Norns (es decir, las parcas) regaban sus raíces en el inframundo, y sus ramas se extendían por todo el mundo, incluso llegaban a alcanzar el arco de los cielos. El fresno se asocia con el crecimiento y también con el mar, ya que una cruz tallada en madera de fresno podía proteger al portador de ahogarse. De hecho, se dice que cualquier objeto o herramienta hecho de fresno es más duradero, y más provechoso, que el mismo objeto fabricado de cualquier otra madera; las lanzas (como la de Odín, que estaba tallada en Yggdrasil) podían volar más lejos, las hachas permanecían más afiladas y las mesas soportaban mayores festines.

Hechizo sugerido

Visita un fresno y, tras pedirle permiso, recoge algunas de sus hojas. Llévatelas a casa y esparce algunas (de tres en tres) por las cuatro esquinas de tu casa o propiedad: el espíritu del fresno te protegerá. De paso, coloca algunas hojas de fresno debajo de la almohada y duerme sobre ellas: podrían provocar sueños proféticos.

CEREZO

Prunus

Cuando las primeras cerezas comienzan a florecer en el archipiélago, la Agencia Meteorológica de Japón sigue el *sakura zensen*, o el camino de las cerezas, a medida que extienden su floración de color por todo el país. Su fugacidad junto con su belleza han representado durante eones la naturaleza efímera de la vida: todos estamos aquí solo por un breve espacio de tiempo. ¿Cuánta belleza podemos verter en nuestras vidas en el tiempo que tenemos? En una hermosa conexión simbólica, las cerezas también representan el amor, y se dice que si atas un mechón de tu pelo en la rama de un cerezo en flor, el amor pronto te encontrará.

Hechizo sugerido

Siéntate o túmbate bajo un cerezo en flor y practica el *hanami* , el arte japonés de contemplar las flores. Puedes hacerlo solo o con amigos, e incluso hacer un picnic con bebidas (si puedes conseguir vino de cerezo o sake, ¡mejor!). Se trata de una actividad divertida y placentera… pero mientras estés allí, tómate un momento para rozar con la punta de los dedos los pétalos de una flor que te llame la atención. En agradecimiento por tu presencia y en honor a tu breve estancia, proponte buscar la belleza, sea lo que sea lo que signifique para ti.

CICLAMEN

Cyclamen coum

Las flores cerosas del ciclamen crecen cerca del suelo, a menudo a la sombra de los árboles, lo que las hace ideales para cualquier arboleda sagrada. Curiosamente, esta delicada florecilla (conocida por su capacidad para producir sentimientos de felicidad, creatividad, protección y amor) se utilizaba antaño para enviar un mensaje de resignada despedida en el lenguaje victoriano de las flores. ¿Quizá era una forma de despedirse de la estación de protección del rey Acebo? En cualquier caso, el ciclamen es sagrado para Hécate, la diosa de las brujas, y como tal potenciará el poder de cualquier hechizo que elijas. Sin embargo, es particularmente eficaz en los hechizos de amor. Si deseas aportar un poco más de alegría a una relación, el ciclamen puede ser un gran aliado.

Hechizo sugerido

Junto con la persona o personas que amas (y recuerda, esto puede ser cualquier tipo de amor: familiar, romántico o entre amigos), reúne ciclamen en algún múltiplo de tres que también puede ser dividido por el número de personas incluidas en el hechizo. (Si sois dos, coged seis flores; si sois tres, nueve, etc.). Colocaos uno frente al otro, con cada persona sosteniendo su parte de flores. Intercambiad las flores una a una y, en cada intercambio, impregnad la flor con vuestros sentimientos de amor hacia la otra persona. Si quieres, puedes expresar estos pensamientos en voz alta, puedes compartir algo en particular que te guste de esa persona. Una vez finalizado el intercambio, cada persona debe coger las flores que le han regalado y conservarlas cerca de sí.

NARCISO
Narcissus

Wordsworth describió los narcisos como una «compañía alegre» y así son: duendecillos amarillos como la mantequilla que anuncian la llegada del sol. Llevar un narciso en el bolsillo del pecho invita a la buena suerte. Los narcisos se utilizan mejor en hechizos para la felicidad, el amor propio, el perdón, la verdad, la creatividad, el renacimiento y los nuevos comienzos.

Hechizo sugerido

Siempre que, como Wordsworth, te sientas «sola como una nube», recurre al narciso. Su rostro amigable y abierto, con la divertida forma de su corona, es casi como el de un cachorro; incluso puedes «acariciarlo» si quieres. Presiona tu nariz contra la corona, inhalando y exhalando, intercambiando su aliento por el tuyo. Siéntate con él a la luz del sol, si es posible, o bajo una lámpara, y míralo fijamente. Memoriza su forma y su color. Míralo durante tanto tiempo que, cuando cierres los ojos, puedas ver la imagen invertida del narciso contra tus párpados. Te acompañará durante todo el día, en tu corazón y en tu mente.

AULAGA
Ulex

El Onn espinoso, o aulaga, se conoce a veces como tojo. Florece en Ostara, con flores doradas que asoman entre sus espinas. Es una planta decidida y su naturaleza protectora puede mantener alejadas desde las hadas hasta los depredadores de las granjas, pasando por las energías dañinas. El tojo, al ser un arbusto resistente y bastante invasivo de bajo crecimiento, perseverará contra todo lo que se interponga en su camino.

Hechizo sugerido

La energía de la aulaga se utiliza mejor en hechizos de prosperidad o manifestación, ya que te impulsará hacia tus deseos. Cuando esté en flor (y suele estarlo, siempre hay al menos algunas flores, independientemente de la estación), recoge un cuarto de taza de flores, concentrándote en lo que quieres manifestar mientras las recoges. Al llegar a casa, pon una olla con agua a hervir. Una vez esté caliente, añade las flores y déjalas hervir a fuego lento durante unos diez minutos. Cuela el té y, mientras lo bebes a sorbos, deja que la aulaga te guíe en la redacción de una sencilla lista de tareas. ¿Qué has estado evitando? La aulaga te ayudará a dar el siguiente paso.

MENTA
Mentha

Según la mitología griega, antes de ser una planta, Mintha era una ninfa que amaba a Hades. Pero cuando Hades se enamoró de Perséfone y la secuestró, Mintha se desesperó y afirmó en sus celos que, de todos modos, ella era más bella que Perséfone. Esto no le sentó nada bien a Deméter, la cariñosa madre de Perséfone, y pisoteó a Mintha bajo sus pies descalzos. Sin embargo, no parece haberle hecho ningún daño a Mintha. Crece en abundancia, tal vez a poca altura del suelo, pero siempre haciendo notar su presencia con su aroma penetrante y refrescante. La menta es particularmente buena para los hechizos de abundancia, suerte, curación y amor.

Hechizo sugerido

La menta es un poderoso energizante que ofrece claridad de pensamiento e incluso sabiduría. Recoge un puñado generoso de menta fresca, silvestre si puedes encontrarla, y lávala bien. Arranca las hojas o machácalas en un mortero, añádelas a un tarro pequeño y cúbrelas con vodka. Deja reposar la mezcla durante al menos dos semanas y luego consume una cucharadita de esta tintura cada vez que necesites una inyección de frescura y nuevas ideas. Una tintura es una poción concentrada; solo una pequeña cantidad es extremadamente potente.

Ritual del mediodía

El mediodía es el momento del rey Roble. Estamos más cerca del sol y podemos permanecer sin apenas sombra bajo su brillante mirada. Incluso en los días nublados, cuando no podemos verlo con claridad, la luz del sol sigue ahí.

Por supuesto, el mediodía, considerado el momento en que el sol está en su cenit, no significa necesariamente cuando el reloj marca exactamente las doce. Al igual que el calendario de los árboles no sigue los meses gregorianos, tampoco el sol obedece las estrictas reglas del horario de verano. El día que quieras realizar este ritual, busca en internet a qué hora exacta estará el sol en su cenit. Prepárate para realizar este ritual a esa hora, reuniendo todo lo que necesitarás con antelación.

Por supuesto, todo lo que un hechizo o ritual realmente requiere eres tú y tus intenciones, pero puedes ayudar a asentar e impulsar esas intenciones con algunos elementos.

PIEDRA DE SOL, peridoto o pirita

CALÉNDULA, manzanilla o girasol

Busca un lugar para sentarte en la tierra bajo la luz directa del sol, con protección solar, por supuesto. Sujeta el cristal elegido con la mano no dominante y la flor con la otra. Cierra los ojos y levanta la cara hacia el sol.

Siente el calor del sol en tu rostro y céntrate en su luz brillante contra los párpados. Inhala ese resplandor, ese brillante regalo de vida y calor. Exhala tu propio calor a cambio.

Siente en tus manos las energías de elementos muy diferentes. Uno es duro y el otro maleable. Sin embargo, ambos son de la tierra y simbolizan el sol. Deja que sus energías complementarias se entremezclen en tu interior. Plantéate estas preguntas: «¿En qué aspectos de tu vida debes ser firme y ardiente como el sol? ¿Y en qué aspectos de tu vida deberías dejarte llevar y moverte con la brisa, siguiendo el camino de la luz?».

Beltane

1 de mayo

Beltane tiene lugar en plena primavera fértil, por lo que suele ser una especie de bacanal. De hecho, sus raíces se remontan a Maiouma (también conocida como la Floralia romana), una antigua fiesta dedicada a Dioniso y Afrodita. También es una noche de brujas: en Alemania, Beltane se conocía como Walpurgisnacht; en Baviera, como Hexennacht; y en Portugal, como Dia das Bruxas. Según la tradición alemana, esta noche las brujas se reunían en el Brocken, el pico más alto de las montañas Harz, para lanzar sus hechizos más poderosos, cosa que requería de un aquelarre completo.

Las hogueras encendidas esta noche protegen de las brujas e incluso de las hadas. Pero, para los valientes, saltar por encima de una hoguera les asegura un año de buena suerte y abundancia, como si al dejarse llevar por el miedo se aseguraran una protección más duradera. Otras prácticas protectoras de Beltane consisten en ahuyentar a las hadas con ofrendas de leche, colocando tres carbones negros bajo la mantequera y colgando ramas de espino en las lecheras, alrededor del establo y en las colas de las vacas para evitar que la leche se agrie.

A continuación, los agricultores encabezaban una procesión alrededor de los límites de la propiedad, llevando consigo sus semillas, herramientas y agua extraída del pozo. Se detenían en el punto más septentrional, luego en el más oriental, en el más meridional y en el más occidental. En cada parada esparcían verbenas como protección adicional. Pero no todo era miedo y solemnidad: las doncellas se levantaban con el amanecer de Beltane y se bañaban la cara con el rocío de la mañana, dejándola secar al aire fresco. También podían recoger el rocío en un tarro para que reposara a la luz del sol y utilizarlo durante todo el año para aumentar su belleza y atractivo general. Como dice el refrán, «me lavo la cara con agua que nunca ha llovido ni corrido y me la seco con una toalla que nunca se ha tejido ni hilado».

El folclorista Alexander Carmichael aprendió la siguiente plegaria de Beltane en gaélico escocés de un campesino. Un verso de la misma se traduce como:

Todo lo que esté en mi morada o en mi posesión
Todas las vacas y cosechas, todos los rebaños y el maíz
Desde la víspera de Hallow hasta la víspera de Beltane
Con buen progreso y gentil plegaria
De mar a mar, y en cada desembocadura
De ola a ola, y base de cascada.

Para tu propia celebración de Beltane, puedes seguir todas las tradiciones anteriores, aunque tal vez no haga falta atar ramas a las colas de las vacas y, por razones de seguridad, probablemente sea mejor no intentar saltar por encima del fuego. Pero hay otra costumbre de Beltane que se traduce especialmente bien a la magia del bosque: la elaboración de una rama de mayo.

Para empezar, selecciona una rama relativamente grande en tu bosque sagrado, ya que será tu rama de mayo. Empieza a decorarla con flores amarillas y blancas que hayas recogido como la prímula, la manzanilla y el espino, lo que te resultará más fácil y bonito si antes has ensartado las flores en una guirnalda. Lo tradicional es decorar la rama con velas, pero lo mejor es que utilices una ristra de luces LED a pilas, que cumplen la misma función de iluminar y dar buena voluntad. Si te sobran flores, llévatelas a casa, extiéndelas por el umbral como una invitación a la esperanza y la protección.

PLANTAS QUE CRECEN CUANDO SE ACERCA BELTANE

ÁLAMO
Populus tremula

Eadhadh, o álamo, está conectado al éxito tras un esfuerzo prolongado. Como la mayoría de los árboles de hoja caduca, los álamos pierden sus hojas en invierno. Aunque su corteza es fotosintética, por lo que pueden seguir creciendo y prosperando incluso en la nieve, y también pueden sobrevivir a los incendios forestales. Crecen en grandes colonias derivadas de una sola semilla, como si hectáreas y hectáreas de álamos fueran un solo organismo. De hecho, se cree que una de estas colonias de álamos en Utah tiene

espino
sauce
prímula
milenrama
albahaca
álamo
camomila

80 000 años. Gracias a su planteamiento de supervivencia a largo plazo, son capaces de potenciar la capacidad psíquica.

Hechizo sugerido

Recuéstate bajo un álamo y contempla el temblor de sus hojas recortadas contra el cielo. Danzan con la más sutil de las brisas, delicadas pese a la inquebrantable fortaleza del árbol. Déjate mecer por ese baile hipnótico y permite que tu mente divague. ¿Qué descubres en esos destellos verdes y dorados? El álamo nos regala tanto la resistencia como la capacidad de adaptación. ¿Qué está transformándose en tu interior mientras te amoldas al fluir constante de la vida?

ALBAHACA

Ocimum basilicum

La albahaca es una hierba de naturaleza dual. Mientras algunas culturas la consideran una fuerza benefactora, otras la perciben como algo fundamentalmente negativo. Los antiguos griegos, por ejemplo, la veían como símbolo de odio, infortunio y pobreza; sin embargo, en las Indias Occidentales se coloca esta planta en los alrededores de los comercios por su capacidad de atraer clientela. En la actualidad, los aspectos positivos de la albahaca han prevalecido sobre los negativos: se ha convertido en símbolo del amor y la buena voluntad, y obsequiar una planta de albahaca a una pareja de recién casados o a unos enamorados transmite buenos deseos para su relación. La albahaca otorga fortaleza, permitiéndonos avanzar a pesar de nuestros miedos y dudas.

Hechizo sugerido

Si estás en medio de una disputa con alguien a quien quieres, recurre a la albahaca en busca de ayuda. Puede ser tan sencillo como poner en un difusor un poco de aceite esencial de albahaca, ya que su aroma puede ayudarte a ver el punto de vista de la otra persona y viceversa. Sin embargo, si la otra persona está abierta a ello, puedes ir un poco más lejos: coge una hoja de albahaca y colócala contra tu corazón, fija tu intención de escuchar y permite que tu amor por la otra persona penetre en la hoja. Cuando hayas terminado, ofrécele la hoja para que la coloque en su corazón.

CAMOMILA
Anthemis nobilis

La manzanilla, cuando se cultiva en un jardín, vigoriza a todas las plantas que comparten su espacio, tal es el poder de esta hierba calmante y sanadora. Es perfecta para rituales solares, especialmente aquellos que evocan días apacibles descansando bajo el cobijo de los árboles o contemplando el movimiento de las nubes. Esta flor, símbolo de la amistad, el amor, la serenidad y la fortuna, te resguardará de las energías negativas y te ayudará a liberarte de aquello que ya no necesitas llevar contigo.

Hechizo sugerido

Si sientes que cargas en tu espalda una cantidad excesiva de peso emocional, toma un baño ritual de camomila. Espolvorea flores de camomila frescas o secas (o una combinación de ambas) en agua caliente. Si tienes una bañera en la que puedas sumergir todo el cuerpo, estupendo, pero si no es el caso, puedes simplemente mojarte la cara, ya sea salpicando el agua con las manos o vertiendo el recipiente sobre tu cabeza, enjuagando toda esa energía negativa.

ESPINO

Crataegus monogyna

El espino recibe diversos nombres, como Huath, majuelo y espino blanco. Cuando crece cerca del roble y el fresno, se dice que los tres son un lugar de reunión para seres mágicos, incluso pueden ser visibles para los humanos. También se dice que en la Walpurgisnacht, las brujas que deambulan pueden convertirse en espinos. Cuentan las leyendas que el espino es una fuerza protectora y creativa; las ramitas de espino colocadas alrededor de la casa evitarán que entren fuerzas maliciosas, y si lo colocas debajo de la cama puede favorecer la concepción.

Hechizo sugerido

Prepara una tintura de espino utilizando las hojas y las flores, como en la página 60. En este caso, dejarás que la tintura repose durante más tiempo, de hecho durante varios meses. En otoño, cuando los frutos, conocidos como espinos albar por su parecido con los escaramujos, estén maduros, recógelos y cuécelos a fuego lento durante unos treinta minutos. A continuación, pásalos por un colador y presiona un poco para exprimir el zumo. Cuela la tintura que has reservado y añádela al zumo. Esta poción ácida y brillante te proporcionará una explosión de creatividad siempre que la necesites.

PRÍMULA

Primula vulgaris

Se dice que la prímula atrae a las hadas, lo cual es interesante, ya que muchas de las plantas y rituales que hemos comentado son famosos por su capacidad para proteger contra las hadas. Para entender esta dicotomía y por qué el folclore celta parece valorar y temer a las hadas, es útil pensar en ellas como una encarnación de la naturaleza. Como brujas del bosque, no solo apreciamos y respetamos la naturaleza, sino que también la veneramos e incluso la adoramos. Sabemos lo que nos ofrece y lo que le debemos a cambio. Y, sin embargo, esa reverencia se ve atenuada por una inquietud racional; la naturaleza puede ser peligrosa, incluso dañina, y eso era especialmente cierto en los días anteriores a la Revolución Industrial. Pero la prímula es para los momentos en los que te sientes más a gusto con la naturaleza y la reconoces como una fuerza que protege, en lugar de poner en peligro.

Hechizo sugerido

Recoge tres flores de prímula, preferiblemente temprano por la mañana, cuando aún tienen el rocío. Cepíllate las mejillas con su rocío, bendiciéndote y ungéndote. Llévatelas a casa y déjalas secar en el alféizar de una ventana, para que sirvan de invitación a las hadas. Cuando se hayan secado, pero antes de que empiecen a marchitarse, colócalas con cuidado entre dos hojas de papel y apóyalas con un par de libros pesados. Déjalas reposar allí durante una semana hasta que se hayan conservado por completo. Luego puedes añadirlas a tu altar, pegarlas en cartulina y sellarlas con Mod Podge, o lo que te funcione mejor para mantener cerca su naturaleza esperanzadora y reverente.

SAUCE

Salix

El Saille, o sauce, se distingue tanto por sus ramas protectoras, que tejen una plácida bóveda natural bajo la que refugiarse, como por su extraordinaria flexibilidad. Esta cualidad permite moldearlo para crear túneles vivientes, celosías e incluso obras escultóricas. Su poder curativo es notable, pues su corteza puede transformarse en una infusión con propiedades analgésicas. El sauce no solo favorece el crecimiento en sentido místico, sino también en el más literal. Al sumergir en agua las estacas de un sauce joven, se obtiene un «agua de sauce» que estimula el enraizamiento de otras plantas. Es un árbol nutriente y bondadoso que comparte su sabiduría intuitiva y femenina.

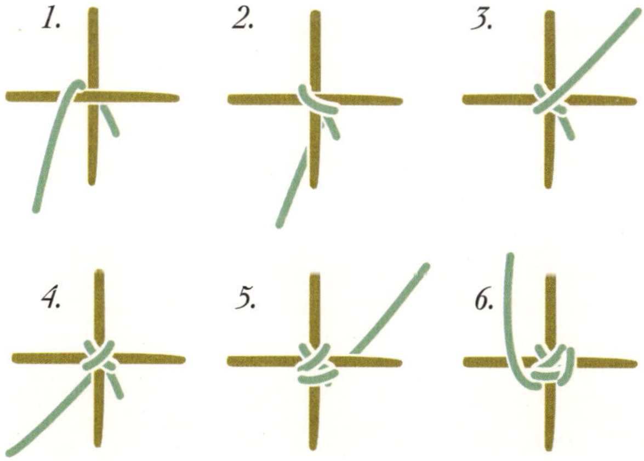

Hechizo sugerido

Reúne un manojo de ramas o brotes de sauce blandos y flexibles. Déjalos secar durante un ciclo lunar completo y, a continuación, sumérgelos en agua durante tres noches, hasta que vuelvan a estar flexibles. En este punto, puedes tejer lo que quieras, pero para hacer una cruz tradicional o un ojo de Dios, coge dos ramas robustas (no hace falta que sean de sauce) y colócalas cruzadas. Coge una rama de sauce y enróllala alrededor, formando una cruz y uniendo las ramas. Dependiendo de lo grande que quieras que sea la cruz, es posible que tengas que ir añadiendo más ramas de sauce. Átala con una cuerda si es necesario y cuélgala donde pueda vigilarte.

MILENRAMA

Achillea millefolium

También conocida como flor de la pluma, perejil bravío o hierba de Aquiles, la milenrama es una planta muy poderosa. Si bien resulta tóxica en grandes dosis, preparada en infusión ofrece cualidades fortalecedoras, sanadoras y protectoras. Fue el propio Aquiles quien la empleó para sanar las heridas de sus guerreros durante el asedio de Troya. Sus virtudes van más allá: se le atribuye la capacidad de potenciar las facultades psíquicas, y la tradición recoge el uso de sus tallos secos para la consulta del I Ching.

Hechizo sugerido

Recolecta la milenrama cuando comience a marchitarse y déjala secar colgada boca abajo. Puedes mantenerla así suspendida para que actúe como un talismán general de protección, sanación o amor, pues su presencia bendecirá tu hogar. Cuando precises utilizarla, toma una cucharadita de las flores ya secas y tritúralas en un mortero mientras pones agua a hervir. Deja que la milenrama hierva durante diez minutos y rodéala con cristales de propiedades afines: ágata, amatista, aguamarina, ágata azul, calcita, fluorita, lapislázuli, ópalo u ojo de tigre. Recurre a esta infusión siempre que necesites explorar y descubrir tu verdad interior.

Litha

El solsticio de verano

En esta jornada, el rey Roble alcanza el cénit de su poder. Aunque sus fuerzas comenzarán a declinar a partir de ahora, en este preciso instante, cuando el día se hace más largo y la noche más breve, su reinado alcanza su máximo esplendor. El mundo resplandece en su momento más radiante, cubierto de verdor y florecimiento, aún sin el agobiante calor estival. No es casual que junio sea el mes predilecto para las bodas, para dar vida a todo lo nuevo y fecundo.

Las celebraciones de Litha suelen incluir algún tipo de miel, ya que las abejas han despertado del todo y trabajan duro para asegurar una buena cosecha. Puedes comprar hidromiel (agua con miel fermentada) o incluso prepararla tú, aunque para ello tendrás que planearlo con antelación.

Si te sientes ambiciosa, ¡elabora tu propio hidromiel! Para ello, calienta medio litro de agua hasta que esté tibia, pero no hirviendo, y añade un kilo de miel. (¡Sí, el hidromiel tiene mucha miel!). Añade la mezcla de miel y agua a una jarra de un litro con un burbujeador y, a continuación, añade al hidromiel los aromatizantes que desees: hierbas sagradas para Litha, como la lavanda y la rosa, zumo de manzana, uvas o rodajas de naranja, ¡lo que quieras! Llena el recipiente de hidromiel con agua hasta que solo queden cinco o seis centímetros de espacio. Añade medio paquete de levadura de champán y cierra bien la jarra. Agítala con fuerza durante varios minutos, desenrosca la tapa y ciérrala. Verás cómo empiezan a formarse burbujas a medida que se inicia el proceso de fermentación.

A partir de ahí, puedes dejar reposar el hidromiel durante unas seis semanas, o hasta que las burbujas hayan disminuido. Vierte el hidromiel en jarras, que el sedimento se acumule en el fondo del recipiente. Deja envejecer el hidromiel durante varios meses, o incluso uno o dos años.

A todo el mundo le gusta una buena fiesta con hogueras, así que si no estás demasiado agotada después de tu bacanal de Beltane, considera la posibilidad de organizar otra para Litha. Si tienes la posibilidad de quemar leña de roble, podrás liberar el espíritu del rey Roble durante la noche. Esparce un poco de lavanda, rosa, perejil, salvia y tomillo sobre las llamas y vierte un poco de hidromiel para mayor efectividad del ritual.

Si te apetece, puedes incluso mantener el fuego encendido toda la noche (a fin de cuentas, es la noche más corta del año) para acompañar simbólicamente al sol hasta el próximo amanecer. Incluso las celebraciones más animadas tienden a apagarse en los momentos previos a la salida del sol, por lo que esas últimas horas pueden ser un momento de contemplación y meditación en paz. Cuando por fin se apague el fuego y se haya enfriado por completo, guarda un puñado de cenizas en un tarro y espárcelas por el jardín o llévalas a tu arboleda sagrada.

Hay muchas maneras de celebrar Litha, pero quizá la más importante sea pasar algún tiempo con el rey Roble. No dejes de visitar tu arboleda sagrada en este día. Túmbate y observa el parpadeo de la luz del sol entre las ramas y las hojas que hay sobre ti. Piensa que es como un código Morse secreto que solo tú puedes comprender. ¿Qué puedes interpretar? ¿Qué mensaje te transmite tu arboleda sagrada?

PLANTAS QUE CRECEN CUANDO SE ACERCA LITHA

HELECHO

Pteridofita

Los helechos crecen en los lugares más frondosos. Escondidos como están en el sotobosque, los helechos son un poco misteriosos. Se dice que otorgan el poder de la invisibilidad si los llevas en el bolsillo y, a veces, pueden vengarse de un viajero que los pisa llevándolo por mal camino. Estas plantas ancestrales parecen ser portadoras de conocimientos que no siempre quieren compartir, sus secretos son suyos. Sin embargo, proporcionan cobijo y protección y, por su capacidad de atraer la lluvia, también tienen propiedades purificadoras. Hoy sabemos que los helechos se reproducen por esporas. No obstante, hace mucho tiempo se pensaba que sus semillas eran casi invisibles y peligrosas de recolectar, pero aún más poderosas por ello. De hecho, había una leyenda que hablaba de una misteriosa flor de helecho que florecía solo una noche, en Litha.

Hechizo sugerido

Tras pedir permiso, arranca con cuidado una pequeña planta de helecho directamente de su bosque o parque, manteniendo sus raíces intactas. Colócala con cuidado en un tarro de cristal rodeada de musgo que también hayas recogido y rocíala con agua. Haz algunos agujeros en la parte superior del tarro para que circule el aire y ciérralo para crear un pequeño terrario. Coloca el tarro en algún lugar alejado de la luz solar directa, manteniéndolo cerca para que tu helecho guía pueda ofrecer su sabiduría a su antojo.

BREZO

Calluna vulgaris

Uhr, o brezo, esa planta por excelencia de los páramos brumosos, fue testigo de las pasiones de Heathcliff. La reina Victoria vio cómo John Brown, el escocés del que se rumoreaba que era su amante tras la muerte del príncipe Alberto, saltaba de su carruaje para coger una ramita de brezo que le trajera suerte. El brezo también es protector, pues da cobijo a las numerosas criaturas salvajes que recorren sus ramas, además posee poderes curativos y calmantes.

Hechizo sugerido

Recoge un puñado grande de flores de brezo y ponlas en un tarro de cristal. Deja el frasco abierto durante la noche, rodeado de cuarzo rosa y aventurina. Por la mañana, sumerge las yemas de los dedos en el tarro, levanta algunos granos de brezo y déjalos caer. Establece tus intenciones de suerte, amor y dulce curación del alma. Cuando estés lista, sal al exterior y ponte de cara al sol. Sumerge los dedos en el tarro una vez más, recoge un pequeño puñado de brezo y lánzalo al aire, dejando que la planta lleve tus deseos por el mundo. Repite la operación hasta que el tarro esté vacío.

LAVANDA

Lavandula angustifolia

La lavanda es famosa por sus propiedades calmantes. Su delicado aroma ofrece un tipo de protección tranquilizadora, que disipa la ansiedad suavemente en lugar de ahuyentarla. De hecho, esta mágica limpieza de las telarañas internas puede hacer que seas más capaz de ver lo invisible, ya sea propiciando sueños proféticos o suscitando visiones durante la meditación. Es una hierba de paz, amor y bondad.

Hechizo sugerido

Para propiciar una visión, empieza por recoger un poco de lavanda seca; si tienes lavanda fresca, se secará rápidamente si la cuelgas boca abajo durante una o dos semanas. Machácala ligeramente con un mortero. Si quieres, puedes añadir artemisa o caléndula, que también son potentes estimulantes de la capacidad psíquica. Calienta agua hasta que hierva, pon las hierbas en un colador y déjalas reposar durante al menos diez minutos. Cuando el té esté lo bastante frío como para beberlo, siéntate cómodamente. Cierra los ojos, inhala el vapor y vuelve a exhalarlo. Repítelo tres veces antes de dar el primer sorbo. A continuación, bebe el té prestando atención a los sabores, los olores y las sensaciones

tomillo
salvia
roble
lavanda
brezo
helecho
rosa

que provoca en tu cuerpo. Cuando tu mente empiece a divagar, déjala seguir su propio camino. Ve adónde te lleven tus sensaciones y pensamientos.

ROBLE

Quercus

Duir, el roble, ha sido venerado durante mucho tiempo, incluso adorado, por su poderosa fuerza y su magia protectora. Su naturaleza solemne y responsable se entrelaza con su carácter lúdico, en la forma en que sus hojas atrapan el viento y sus bellotas sirven de tazas de té o sombreros de hadas, y por eso también proporciona un profundo impulso a la creatividad, la riqueza, la longevidad y la suerte. Atrapar una hoja de roble antes de que caiga al suelo desde el árbol te garantiza buena salud durante un año (es más difícil de lo que crees) y llevar una bellota en el bolsillo te ofrecerá protección y una imaginación fértil.

Hechizo sugerido

Aunque las bellotas no suelen caer hasta principios de otoño, siempre se pueden encontrar algunas esparcidas bajo un roble. Da un paseo durante una tarde soleada y recoge unas cuantas. Escoge la que mejor se adapte a tus necesidades. ¿Quieres una con el cascabullo para mayor protecciónо sin él para permitir que fluyan nuevas ideas? ¿La quieres redonda y grande o más compacta? Una vez elegida la bellota y decididas tus intenciones para ella, corta un trozo de tela de 10 por 10 cm y coloca en el centro la bellota y los cristales de protección (como la obsidiana o el cuarzo ahumado), creatividad (como el ágata o la cornalina) o riqueza y longevidad (como la aventurina o el jade). Añade las hierbas que quieras y ata la tela con un trozo de cuerda. Puedes colocar esta bolsa de hechizos debajo de la almohada o llevarla contigo a todas partes.

ROSA

Rosa

Aunque cada variedad y color tiene su propio significado, una rosa en general significa simplemente amor, de todo tipo y en todas sus formas. Puede significar amor por un amigo, por una pareja, por un hijo, incluso por una misma. Las rosas también son conocidas por su magia de hadas, ya que los seres mágicos se sienten atraídos por su belleza. Por supuesto, la rosa es famosa por su distintivo aroma, profundo y complejo, siempre reconocible.

Hechizo sugerido

Hay infinitas maneras de utilizar las rosas. Ya sea tomando un baño con pétalos flotantes, enviando un ramo a un ser querido (un acto mágico en sí mismo) o usando rosas secas para dar sabor a la comida. Una forma sencilla de incorporar la magia de las rosas a tu repertorio es preparar tu propia poción de agua de rosas. Necesitarás un cuarto de taza de pétalos de rosa secos o una taza de frescos y una taza y media de agua. Ponlos en una olla y llévalos a ebullición. Hierve a fuego lento hasta que los pétalos hayan perdido todo el color y, a continuación, deja que la mezcla se enfríe. Cuela los pétalos y devuélvelos a la tierra, guarda el agua de rosas en una botella de cristal oscuro. Puedes rociártela en la cara cuando necesites un poco de amor, añadirla a casi cualquier bebida o simplemente pulverizarla en el aire.

SALVIA

Salvia officinalis

Los romanos creían que la salvia era tan poderosa que podía crear vida y, curiosamente, solo crecía en jardines cuidados por mujeres. Protectora, purificadora y útil tanto en hechizos de éxito como de manifestación. Su atributo más característico y por el que más se la valora es por su sabiduría: la salvia puede ayudarte no solo a saber algo, sino a comprenderlo en profundidad. Considera la salvia como la diferencia entre la inteligencia y la verdadera sabiduría, invita al peso de la experiencia y la comprensión emocional.

Hechizo sugerido

Si estás luchando con un asunto complejo y necesitas la ayuda de esta planta, coge una hoja de salvia fresca e inscribe cuidadosamente tus intenciones en ella con una aguja. Puedes hacerlo a través de un sigilo que hayas creado previamente (un sigilo es un símbolo de un hechizo) o utilizando una simple palabra. Coloca la hoja bajo tu almohada y duerme sobre ella durante tres noches. La salvia te susurrará en sueños.

TOMILLO

Thymus vulgaris

Los caballeros que partían hacia las cruzadas recibían pañuelos bordados con tomillo para protegerse. Durante los periodos del año en que el tomillo era más fácil de conseguir, se llevaba fresco en el bolsillo o prendido en el pecho. Al igual que las rosas, también atrae a las hadas, pues se dice que les encanta bailar entre sus hojas y flores. El tomillo es una hierba amable y gentil, que invita a la fuerza y al valor, así como a la buena salud y a los placeres sencillos.

Hechizo sugerido

Cuando piensas en la posibilidad de ver hadas, ¿qué significa para ti? Para algunas, puede ser asomarse de verdad al mundo mágico. Para otras, supone tomar conciencia de los poderes invisibles y desconocidos que nos rodean y abrazar la magia natural que impregna nuestra vida cotidiana. Con el estrés del día a día, esa magia puede volverse tan esquiva como las criaturas aladas o los elfos. Si alguna vez sientes que has perdido la capacidad de percibir la magia del bosque, recurre al tomillo. Llévalo contigo, como hacían los caballeros de antaño.

Parte 2

El rey Acebo

Emblema del rey Acebo

Si el rey Roble puede compararse con el Hombre Verde, la contrapartida del rey Acebo es el dios Astado. El dios Astado es la contrapartida masculina de la triple diosa de la Wicca: la doncella, la madre y la arpía. Gobierna la naturaleza, la creatividad y la caza.

El dios Astado no es más que un aspecto del Hombre Verde, al igual que el rey Roble y el rey Acebo son complementarios, con un carácter más salvaje. La época del Hombre Verde y el rey Roble es la del cultivo y el trabajo fructífero. Pero la llegada del frío invernal anuncia la llegada del dios Astado/rey Acebo, cuando el trabajo cede el paso al descanso, pero también cuando el cultivo ya no es posible y debemos recurrir a la caza.

Hoy en día, por supuesto, no dependemos de la caza y captura para complementar la cosecha del año. Aun así, podemos pensar en la naturaleza y la caza metafóricamente: ¿qué podemos atraer a nuestras vidas? ¿Qué podemos buscar con reflexión y una preparación cuidadosa? Piensa en tus intenciones para la próxima mitad del año mientras creas tu emblema del rey Acebo.

Con vides resistentes como la madreselva o la uva (o lo que tengas a mano), empieza a tejer una corona, enrolla las vides una y otra vez, asegurando cada sección con piezas más flexibles. A continuación, crea una media luna sobre la enredadera para completar el símbolo del dios Astado. No hace falta que sea perfecto, de hecho, cuanto más silvestre, mejor.

A medida que la rueda del año gira hacia el tiempo del rey Acebo, es hora de volver a visitar tu arboleda sagrada y rendir homenaje a esta nueva energía. Con honor y reverencia, retira tu emblema del rey Roble. Escucha a tu bosque antes de sustituirlo. ¿Está de acuerdo tu arboleda sagrada? Al fin y al cabo, las estaciones no cambian de acuerdo con el calendario. Si no es el momento adecuado, préstale atención y vuelve otro día.

Si percibes que ya es hora, que el rey Acebo ha comenzado su ascenso, entonces cuelga el emblema que has creado en su honor. Encuentra un lugar para él, puede que el mismo que utilizaste para el rey Roble sea el adecuado o quizá necesites un sitio diferente. Escucha a tu intuición.

Ritual del atardecer

Despedir el día puede ser una experiencia poderosa. Todas sentimos el impulso de fotografiar una magnífica puesta de sol, aunque sepamos que siempre habrá otra mañana. Pensemos por qué. ¿Por qué sentimos la necesidad de aferrarnos a la puesta de sol, de guardarla para siempre, ya sea en álbumes de fotos o en nuestros teléfonos? ¿Existe un miedo persistente que permanece de las noches en que nuestros antepasados debían guarecerse de los peligros de la oscuridad?

Ahora nuestras noches son más seguras, pero siguen siendo misteriosas. Al fin y al cabo, incluso con la llegada de la electricidad, sigue siendo más difícil ver en la oscuridad. La puesta de sol es un espacio liminal, un tiempo intermedio en el que no es ni de día ni de noche. Todo es posible al atardecer.

¿Cómo vas a explorar este umbral? ¿Encenderás una vela en el momento en que el sol descienda por el horizonte para prolongar un poco más su luz? ¿Observarás el destello verde, la refracción de la luz al atravesar la atmósfera terrestre? ¿Darás las gracias al sol y mostrarás tu gratitud a la noche?

Sea lo que sea lo que decidas hacer, dedica un momento para buscar en tu interior el umbral en el que te encuentras. ¿Qué está a punto de cambiar en ti? ¿Qué quieres manifestar durante este tiempo en el que todo es posible?

Lammas

1 de agosto

Al igual que Imbolc, Lammas es el punto medio entre el solsticio de verano (Litha) y el equinoccio de otoño (Mabon). Aunque anuncia la llegada del rey Acebo, Lammas suele ser el más caluroso de los *sabbats*, como si el rey Roble hubiera convocado a sus fuerzas para un último esfuerzo desesperado.

A pesar del calor, Lammas pertenece al rey Acebo, pues no es tiempo de siembra, sino de cosecha. Marca la primera recolecta de la temporada, cuando por fin podemos asegurarnos los beneficios de todo el trabajo que realizamos durante el tiempo del rey Roble.

Lammas también se conoce como Lughnasadh, en honor al dios celta Lugh. Aunque lleva su nombre, en realidad el día honra a su madre adoptiva, Tailtiu.

Tailtiu era hija de Mag Mor, el dios de la tierra. Se casó con Eochaid mac Eirc, el último gran rey de Irlanda, pero este fue asesinado por los Tuatha Dé Danann, término que designa a los seres mágicos. El campo donde luchó yacía estéril hasta que Tailtiu lo devolvió a la vida, sembrándolo de tréboles. Se volvió a casar con un Tuatha Dé Danann y crió al joven dios del sol de su pueblo.

Cuando Lugh se convirtió en rey, Tailtiu se encargó de hacer renacer toda Irlanda, labró y despejó las llanuras para hacerlas cultivables de nuevo. Pero trabajó demasiado durante mucho tiempo, por lo que acabó muriendo al entregar su vida a su pueblo. Y así, tras su muerte, Lugh hizo del primer día de cosecha una celebración de su madre adoptiva con la instigación de los juegos de Tailteann que servían para demostrar la salud y habilidad de los irlandeses en gratitud por su sacrificio.

Tailtiu es la diosa de la fuerza y la resistencia, cualidades que necesitaremos en las próximas estaciones. En su honor, se puede hacer un muñeco de maíz tradicional, una pequeña Tailtiu para colgar encima de la puerta. Esta figura se puede hacer simplemente con un trozo de cuerda para elaborar la cabeza y un vestido con una hoja de maíz. Si deseas hacerlo con más detalle, puedes tejer trozos de grano seco, trenzarlos y atarlos juntos, para manifestar tus deseos de fortaleza y resistencia con cada vuelta.

Y después, date un festín con los frutos de la cosecha, disfruta de pan casero fresco y buena cerveza. Puedes verte un chorro sobre la tierra en agradecimiento por el duro trabajo y los sacrificios que otros han hecho en nuestro nombre y en reconocimiento por el trabajo que hacemos nosotras mismas, por nuestras propias labores y nuestras propias fuerzas.

PLANTAS QUE CRECEN CUANDO SE ACERCA LAMMAS

TRÉBOL

Trifolium pratense

Todas sabemos que los tréboles de cuatro hojas dan suerte, pero aunque no encuentres una de estas versiones genéticamente mutadas, meter un trébol en tu zapato te traerá buena fortuna. De hecho, los druidas los consideraban sagrados por la triple naturaleza de todas las cosas, incluidos la tierra, el mar y el cielo. Son el signo de la buena salud en cuerpo y espíritu y prometen fidelidad a la tierra y a quienes amamos.

Hechizo sugerido

Es útil incluir trébol en cualquier hechizo, ya que potencia las propiedades de los demás ingredientes y, además, puede programarse según tus necesidades. Sin embargo, para un hechizo general de suerte y felicidad, puedes prensar varios tréboles en un libro, como se indica en la página 70, y esparcirlos sobre el umbral de tu puerta, en los alféizares de las ventanas y sobre tu cama, susurrando bendiciones mientras lo haces.

MAÍZ

Zea mays

Hay una gran variedad de deidades del maíz, como las doncellas del maíz Hopi, la diosa cherokee Selu, la diosa azteca Chicomecóatl y otras figuras indígenas de madres del maíz, algunas de las cuales dieron literalmente su cuerpo para alimentar a sus hijos y

avellano
madreselva
perejil
trébol
verbena
maíz
acebo

a la humanidad. Por esta razón, el maíz simboliza la fertilidad y la seguridad, representa la certeza de que nuestras necesidades básicas de alimento, cobijo y compañía estarán cubiertas. Colgar mazorcas de maíz alrededor del hogar fomenta su protección.

Hechizo sugerido

Para atraer la abundancia del maíz a tu vida, úsalo para hechizos de manifestación. Aparta unas cuantas hojas de maíz. Coge un trozo y átalo en un lazo, mientras manifiestas una intención. Enhebra un segundo trozo a través del primero y átalo en otro bucle para formar el principio de una cadena. Con cada eslabón de la cadena, refuerza tu intención. Cuelga la cadena de maíz sobre tu altar.

AVELLANO
Corylus avellana

Las avellanas empiezan a aparecer en los árboles cerca de Lammas, como si la sabiduría empezara a aparecer a medida que el año envejece. El avellano, o Coll, está estrechamente relacionado con el conocimiento y la adivinación. Cuenta la leyenda que nueve avellanos crecían alrededor de un manantial sagrado y que, cuando dejaban caer sus nueces al agua, se las comía un salmón. Este pez, igualmente poderoso y sabio, fue más tarde capturado por un niño, que creció y acabó por convertirse en el héroe gaélico Fionn mac Cumhaill.

Hechizo sugerido

Crea una vara de adivinación de avellano cortando una rama bifurcada, sin olvidarte de pedir antes permiso, por supuesto. Sujeta las dos puntas con los dedos y déjate guiar por sus inclinaciones y curvaturas. Observa cómo sube y baja. En teoría, una varilla de adivinación subirá cuando se encuentre sobre un manantial subterráneo, pero también puede guiarte hacia aquello a lo que debes prestar atención. Tal vez te guíe hasta un lugar donde puedas sentarte a meditar o hasta una flor secreta y oculta en la que de otro modo no habrías reparado. Escucha la sabiduría del avellano.

ACEBO

Ilex aquifolium

A medida que gira la rueda del año, el acebo, o Tinne, adquiere protagonismo, pues sigue transmitiendo su vitalidad al mundo mucho después de que el roble haya perdido sus hojas. A pesar de su naturaleza punzante y venenosa, la energía del acebo es dulce. Colgar esta planta en la cabecera de la cama invita a los buenos sueños y a la fortuna. También sirve de hogar a las hadas, por lo que llevar ramas de acebo al interior de la casa dará cobijo a cualquier ser de otro mundo que se aventure a entrar en tu hogar y, por tanto, les convencerá de ser benévolos contigo mientras estén allí.

Hechizo sugerido

Llena un cuenco ancho con agua limpia y coloca dentro una ramita de acebo. Separa una hoja para dejarla flotar por sí sola, luego enciende una vela muy pequeña y gotea un poco de cera sobre la hoja. Utiliza la cera caliente para fijar la vela a la hoja (probablemente tendrás que apagarla y volver a encenderla). Pregúntale al acebo si una decisión que has estado considerando te llevará por el camino correcto para ti: si la hoja se hunde, probablemente no saldrá bien, pero si la hoja sigue flotando y la llama continúa parpadeando, entonces los poderes de buena fortuna del acebo actuarán a tu favor. Si quieres, puedes echar más ramitas y bayas al agua y dejarlas en remojo durante un día y una noche antes de vaciar la pila. No debes beber este agua de acebo, pero puedes usarla para ungirte la cara, la garganta y las muñecas y así obtener protección y buena fortuna.

MADRESELVA

Lonicera

Uillean, o madreselva, es una enredadera trepadora con flores doradas y de un aroma acaramelado. Las bayas de la planta son ligeramente venenosas, pero el néctar es dulce como la miel. Se dice que chuparlo o incluso frotar las flores en tu frente o en la base de la garganta invita al amor. Además, dormir con madreselva bajo la almohada puede provocar que tengas sueños proféticos.

Hechizo sugerido

Los hechizos endulzantes forman parte de una tradición vudú destinada a animar a los demás a ser más amables con el hechicero. La madreselva se presta claramente a este tipo de prácticas, pero si quieres darle un pequeño giro, considera utilizarla para endulzarte a ti misma o a una relación que últimamente has sentido que está un poco de capa caída. Recoge un buen puñado de madreselva, asegurándote de obtener un número par de flores, e inhala su dulce fragancia a medida que avanzas. Deja que alivie tu alma como la miel alivia la garganta. Por parejas, aspira el néctar de una flor y deja la siguiente para la otra persona. Si puedes dárselas, hazlo, pero si no, ponlas en un cuenco con agua, añade un poco de miel y deja que floten perfumando el aire. Su dulzura viajará por los misteriosos caminos del agua hasta llegar a la otra persona, tanto si es consciente como si no.

PEREJIL
Petroselinum crispum

Se decía que el perejil común, también llamado avena del diablo, se había aventurado al inframundo y vuelto nueve veces antes de brotar. Como se creía que esta planta tenía una línea directa con la muerte, se decía que si se cogía una ramita mientras se pronunciaba el nombre de un enemigo, este moriría. Sin embargo, hoy en día, el perejil es más conocido por sus propiedades protectoras que dañinas, como si su poder se hubiera aprovechado y redirigido. También aumenta la inteligencia y la creatividad, así como la claridad de pensamiento.

Hechizo sugerido

El perejil se presta bien a la brujería de cocina. Puedes añadir una pizca de él sobre casi cualquier plato salado que estés cocinando para lograr protección para ti y tu familia. Si quieres lograr algo más específico, también puedes susurrar tus intenciones mientras lo haces, por ejemplo, que todo el mundo tenga una buena jornada al día siguiente. El perejil tiene una magia sencilla pero poderosa.

VERBENA
Verbena officinalis

También conocida como hierba de los encantadores, la verbena es considerada mágica y sagrada por culturas de todo el mundo. Los egipcios creían que la verbena había brotado de las lágrimas de la diosa Isis mientras lloraba la muerte de su hermano y marido Osiris. También se cree que se utilizó para curar las heridas de Jesucristo durante la crucifixión. Los mensajeros romanos llevaban verbena para demostrar sus buenas intenciones y su verdad, y los druidas siempre cosechaban verbena en agosto, cerca de Lammas, cuando la estrella del perro cazador era visible pero ni la luna ni el sol se apreciaban en el cielo. A pesar de su fama, esta planta es una hierba suave y calmante. Agudiza la mente y proporciona una sensación de calma y bienestar.

Hechizo sugerido

Siempre que te sientas ansiosa, recurre a la verbena. Pon una olla con agua a hervir y déjala reposar. Añade una cucharadita de verbena seca en un colador de té y vierte el agua sobre ella. Tápala y deja que repose durante al menos diez minutos. Rodéala de amatista, piedra lunar y selenita. Cuando la infusión esté lista, coge una taza y siéntate cómodamente en tu sillón favorito; para estar más cómoda, puedes arroparte con una manta. Antes de dar el primer sorbo, cierra los ojos e inhala el vapor emana de la taza. Imagina que el espíritu de la verbena viaja hacia ti a través de los pulmones, despejando cualquier tensión o preocupación y llevándoselas todas con tu exhalación. Cuando bebas el primer sorbo, siente cómo fluye por tu garganta y te calienta hasta el estómago. Imagina ese calor, ese espíritu, limpiando y calmando todo tu cuerpo a su paso.

Mabon

El equinoccio de otoño

Lo curioso de Mabon es que, aunque lógicamente sabemos que, como los demás *sabbats*, se celebra desde hace miles de años, su nombre solo tiene cincuenta. La década de 1970 fue una época de resurgimiento de las prácticas paganas, y fue entonces cuando

Aidan Kelly, poeta y académico, eligió el nombre de Mabon para esta celebración.

Explicó que quería encontrar una deidad europea que encajara en la historia de la «prisionera del inframundo», ya que el equinoccio de otoño es el momento en que Hades raptó a Perséfone. El dios galés Mabon fue su inspiración. Mabon era el hijo pequeño de la diosa de la tierra Modron, y fue secuestrado y retenido en el inframundo durante años, hasta que finalmente el rey Arturo y sus caballeros le rescataron. De este modo, es fácil entender por qué Kelly eligió Mabon; la historia, sin duda, encaja con ese tema.

No obstante, el equinoccio de otoño nunca se ha dedicado a honrar al dios Mabon, sino que es la noche en que el rey Acebo derrota al rey Roble. Mabon es el espejo oscuro de Imbolc, pues aunque el día tiene la misma duración que la noche en el equinoccio de otoño, igual que en primavera, anuncia el acortamiento de los días y el alargamiento de las noches.

Mabon trata de aceptar esa verdad y de apreciarla y agradecerla. Se trata de reconocer la oscuridad, tanto exterior como interior. La mitad del año es más oscura que la otra y la mitad de nuestras vidas transcurre en la oscuridad, cuando el sol brilla al otro lado de la Tierra. También llevamos esa oscuridad dentro, no todo es sol, luz y calor. Tenemos tristezas, preocupaciones y anhelos; tenemos defectos e imperfecciones. Todo lo anterior tiene su valor. Nuestra oscuridad puede ser la fuente de nuestra creatividad, nuestros sueños y nuestras pasiones. Es algo que debemos celebrar.

En Mabon, honramos la oscuridad. Celebramos su protección y sus poderes misteriosos y místicos. En la noche del equinoccio de otoño, visita tu arboleda sagrada. Si es seguro y está permitido, enciende allí una pequeña hoguera; si no, utiliza simplemente una linterna. Siéntate dentro de ese rayo de luz, que hace que la oscuridad que te rodea parezca aún más profunda. Cierra los ojos y observa cómo la luz titila contra tus párpados. Escucha los sonidos de la noche. Escucha el susurro de los árboles. Muchos de los animales se han ido a descansar, pero aún percibirás algunos pájaros, murciélagos o insectos. Escucha la oscuridad exterior y luego escucha la oscuridad interior. ¿Con qué sueñas? ¿Qué deseas?

Si quieres, puedes escribir una serie de intenciones para esta estación más oscura y arrojarlas al fuego, o puedes tenerlas cerca, metidas debajo de la almohada cuando duermas.

PLANTAS QUE CRECEN CUANDO SE ACERCA MABON

ENDRINO

Prunus spinosa

Straith, el endrino, es un árbol muy masculino, con atributos de control y fuerza. Como tal, también es un árbol de protección, con ramas densas y espinosas. Los bastones de endrino resisten caminatas a lo largo y ancho de Escocia y te servirán de apoyo cuando recorras los parajes salvajes de tu hogar. Además, su fruto es comestible y nutritivo: la sábila, o baya del endrino, es conocida sobre todo para aromatizar la ginebra, ya que es bastante ácida.

Hechizo sugerido

Recolectar bayas de endrino es un proceso complicado, ya que el árbol se resistirá con sus espinas incluso después de haberte concedido su permiso, como si aún tuvieras que soportar sus pruebas. Pero no te rindas. El endrino puede ser feroz, pero si demuestras ser digna, obtendrás su fuerza eterna. Recoge las endrinas después de la primera helada, ya que el fruto será más dulce, y reúne unas

hiedra
vid
endrino
mandrágora
solidago
margarita
granada

siete tazas. Añádelas a una cacerola grande y cúbrelas con un litro de agua y el zumo de un limón. Lleva la mezcla a ebullición y cuécela a fuego lento durante quince minutos, remueve con frecuencia y aplasta las bayas contra la cacerola con el dorso de una cuchara de madera. Apaga el fuego y cuela el líquido; puedes reservar las bayas cocidas para hacer una compota o mermelada si te apetece. Vuelve a poner el líquido en la cacerola y añade entre dos y tres tazas de azúcar, dependiendo de lo dulce que quieras el sirope. Cuécelo a fuego lento otros diez minutos y déjalo enfriar. Puedes añadir este sirope al agua con gas o servirlo sobre helado. Recurre al endrino siempre que necesites un poco de estructura en tu vida.

MARGARITA

Bellis perennis

Los romanos llamaban a esta flor *solis oculus*, «ojos de sol», pues abre sus pétalos cada mañana para mirar al sol y los vuelve a cerrar por la noche. Aunque la margarita suele considerarse una flor primaveral, florece hasta bien entrado el otoño. El espíritu caprichoso e infantil de la margarita siempre aporta optimismo e incluso alegría en los días más oscuros. Las margaritas son ideales para la magia de los sueños, puedes guardar un ramo de margaritas junto a la cama o colocar una sola flor bajo la almohada para invitar a los buenos sueños.

Hechizo sugerido

Parecido al viejo juego en el que arrancas una margarita pétalo a pétalo para ver si alguien «te quiere o no te quiere». Ahora podemos hacer que este juego pase de ser un hechizo de adivinación a un hechizo para el conocimiento interno. Cuando te enfrentes a una decisión difícil y no sepas lo que realmente quieres, deshoja una margarita. Asigna una posible respuesta al primer pétalo y otra al siguiente, alternando a medida que avanzas. Cuando llegues al último pétalo, combrueba cómo te sientes. ¿Estás decepcionada por la respuesta de la margarita o te sientes aliviada? En cualquier caso, ahora tienes información sobre cuál es el camino adecuado para ti.

SOLIDAGO

Solidago

El solidago se utiliza principalmente para la magia de la suerte y la prosperidad. Puedes llevar una ramita a un acontecimiento importante en el que necesites dar lo mejor de ti misma o utilizarla en una bolsa de hechizos, junto con trébol, citrino y aventurina. Está conectada con la magia del sol, trae energía, calor y poder a tu hogar, y puede usarse para impulsar la curación.

Hechizo sugerido

El solidago también puede ser una vara adivinatoria muy útil, como la vara adivinatoria de avellano de la página 94. Corta una ramita cerca de la base (siempre pidiendo permiso antes) y úsala para guiarte, sigue el movimiento de su punta mientras caminas. Puede que te lleve a un objeto que has perdido o a un lugar donde puedes descansar y meditar para recargar tu propia energía.

VID

Vitis vinifera

Mabon es el tiempo de la vid o Muin, la trepadora protectora que también invita a la creatividad. Las vides son especialmente apasionadas y hablan de lo salvaje de nuestras emociones, así como de las verdades profundas de nuestros corazones. Comer uvas con reflexión y cuidado, siendo consciente de su sabor (incluso pelándolas primero para prolongar la experiencia) puede ayudarte a hacer una pausa y tomarte el tiempo necesario para comprender tus propios sentimientos.

Hechizo sugerido

Prepara vino caliente en una botella de vino tinto seco hasta que esté humeante. Calienta el vino y añade una rama de canela, una taza de sidra de manzana, la piel de una naranja y tres clavos. Déjalo a fuego lento durante al menos treinta minutos, pero sin que llegue a hervir. Sírvelo caliente y disfrútalo con amigos en una fría tarde de otoño; te ayudará a comprender las emociones de los demás.

HIEDRA

Hedera helix

Tal y como dice una vieja canción inglesa sobre el invierno, la hiedra es la compañera del acebo y cuando ambos están «en plena madurez», es decir, cuando el año se acerca a su fin, sus poderes de protección son máximos. La hiedra, o Got, también es útil para la magia vinculante, pero en lugar de tratar de vincular a otra persona, considera la posibilidad de utilizar la hiedra para reparar una relación o sellar tus propias energías frente a fuerzas externas.

Hechizo sugerido

Como la hiedra es tan flexible y abundante, resulta ideal para crear sencillos tejidos. Puedes enrollar una hebra de hiedra en una humilde corona que puedas llevar mientras realizas un ritual o utilizar varias hebras para crear un círculo sagrado en el que puedas sentarte. La hiedra te rodeará, creando un poderoso campo de fuerza que te protegerá a la vez que mejorará la eficacia de tus hechizos.

MANDRÁGORA

Mandragora

Si bien la mandrágora silvestre no es común en Estados Unidos, su cultivo resulta relativamente sencillo. A pesar de que se la conoce como «manzana del diablo» y tiene una reputación siniestra, estas creencias carecen de fundamento. Al igual que la magia es simplemente una fuerza natural, las plantas, sean venenosas o no, son lo que son por naturaleza. Como muchas otras plantas que florecen durante Mabon, la mandrágora es perfecta tanto para estimular la creatividad como para rituales de protección, además de poder potenciar cualquier conjuro.

Hechizo sugerido

Según cuenta la tradición popular, las mandrágoras son en realidad pequeños seres vivientes. Puede resultar entretenido tratarlas como si verdaderamente lo fueran. Tras pedir permiso, extrae la planta con delicadeza, como harías con una zanahoria, liberándola suavemente de la tierra. Una vez en casa, retira las hojas y lávala con agua corriente. Cuando esté seca, colócala en tu altar durante un tiempo y déjale pequeñas ofrendas, como monedas u otros objetos que hayas encontrado. Ella se encargará de manifestar su magia.

GRANADA

Punica granatum

Las normas que regían el inframundo de Hades guardaban una notable similitud con las leyes de los seres mágicos: nadie podía retenerte mientras no consumieras alimento ni bebida alguna. Por ello, cuando Zeus exigió a Hades la liberación de Perséfone, este no tuvo más remedio que acceder, pues ella no había probado bocado durante su estancia. Sin embargo, en un último intento por retenerla, Hades le suplicó que se quedara y le ofreció una granada. Perséfone, plenamente consciente de las consecuencias, decidió comer seis pequeñas semillas, sellando así su destino como reina del inframundo durante seis meses cada año. A raíz de esta historia, esta enigmática fruta de intensos colores es reconocida principalmente por sus propiedades en la magia del amor, aunque también resulta valiosa para rituales de prosperidad, adivinación y creatividad.

Hechizo sugerido

Inspírate en Perséfone y reserva seis semillas de granada para comerlas con intención. Tal vez te sirvan para tomar una decisión que te ha costado decidir. Para ello, mételas en la batidora y bátelas suavemente hasta que el zumo se separe pero las semillas interiores permanezcan intactas, o tritúralas con un mortero. Cuela el zumo (reserva un poco para bebértelo, por supuesto) y moja en él un pincel de punta fina. Con el zumo de granada como tinta, escribe una intención, un conjuro o un sigilo en un trozo de papel. Después, puedes guardar el papel debajo de la almohada, colocarlo en tu altar o en una bolsa de hechizos, o quemarlo para liberarlo.

Ritual del crepúsculo

El crepúsculo es quizá el momento más enigmático del día. Es ese instante en que aún podemos ver, pero no con claridad; cuando los contornos se difuminan y nuestra percepción de la profundidad se vuelve imprecisa. Nuestra mente creativa se ve obligada a completar los espacios vacíos, como un artista que restaura un lienzo desvanecido por el tiempo.

Si las circunstancias lo permiten, aventúrate a dar un paseo durante el crepúsculo, sin linterna ni luz artificial alguna. Tus ojos lucharán por distinguir las formas, en ocasiones malinterpretando lo que ven: una rama puede transformarse en una silueta amenazante, o un helecho cobrar vida como una pequeña criatura. Reflexiona entonces sobre cuál de estas versiones es la verdadera. Sí, la razón nos dice que el helecho es solo una planta, pero ¿y si en la penumbra desarrollamos una forma diferente de percepción? Quizá esto sea lo que significa realmente «ver hadas».

Mientras deambulas y permites que tus ojos interpreten libremente lo que encuentran, deja que esa sensación de asombro y tu imaginación impregnen tu espíritu. Todo es posible en este momento en que el mundo se vuelve maleable. Y recuerda: este tiempo de promesas y posibilidades se repite cada día. Siempre está ahí para ti. Esa sensación de maravillarse, esa capacidad de ver hadas, es algo que puedes mantener vivo a lo largo de cada jornada. ¿De qué manera eliges ver el mundo?

Samhain

31 de octubre

Esta noche, el aspecto de vieja arpía de la diosa Trina (también conocida como Cailleach) cabalga por el viento, arrancando las hojas de los árboles a medida que el año va decayendo. ¿Qué te gustaría que se llevase? ¿Qué es lo que ya no necesitas acarrear contigo?

Como Halloween, o víspera del Día de Todos los Santos, deriva de Samhain, es fácil pensar que son lo mismo. Al fin y al cabo, ambas tienen muchos puntos en común: disfrazarse, recolectar manzanas y, en general, una atmósfera espeluznante son los rasgos más característicos de estas festividades. Y, como todos los *sabbats*, Samhain es en el fondo una celebración de la vida.

Samhain es también una celebración de la muerte, en un sentido que el Halloween moderno ha dejado de lado. Aunque seamos conscientes de que la muerte es una parte inevitable de la vida, tendemos a evitar reconocerlo salvo cuando es absolutamente necesario. Es comprensible: ¿quién desea vivir bajo la sombra constante de la parca? Sin embargo, así como en Mabon honramos y celebramos la oscuridad, en Samhain reconocemos la presencia de la muerte con dignidad y reverencia.

Cuenta la tradición que durante Samhain el velo entre los mundos se adelgaza y los muertos caminan entre nosotros. A veces esto se manifiesta como presencias espectrales o sensaciones inexplicables en una habitación. Pero también puede significar honrar la memoria de aquellos seres queridos que, aunque ya no están físicamente, permanecen siempre en nuestro corazón.

La magia ancestral alcanza su máximo poder durante esta fecha. Si buscas la guía de quienes te precedieron, o simplemente deseas sentir su amor y respaldo, considera crear un altar ancestral. Puedes consagrarlo a familiares específicos o remontarte más atrás en el tiempo, honrando a aquellos que existieron antes que tú (cuyos nombres quizás desconozcas), pero cuya influencia ha sido determinante en tu vida. Reúne fotografías, reliquias y otros recuerdos de tus antepasados, y dispónlos con cuidado. Enciende una vela por cada familiar representado, invoca su sabiduría y expresa tu gratitud por su protección.

Si lo deseas, puedes profundizar en la tradición organizando un banquete de Samhain para los difuntos, conocido como la cena de los mudos. Dispón un lugar adicional en la cabecera de la mesa, destinado a los ancestros. Sírveles alimentos y bebidas como lo harías para ti, mantén el silencio y evita mirar directamente a su asiento, conservando la cabeza inclinada en señal de respeto. Al finalizar la cena, lleva los alimentos no consumidos al exterior como ofrenda para las hadas.

Se dice que las hadas cabalgan durante esta noche, y las leyendas narran que si has perdido a un ser querido ante los seres mágicos, esta es tu oportunidad de recuperarlo. Así sucede en la historia de Tam Lin, donde Janet, que esperaba un hijo suyo, se aferró a él con todas sus fuerzas, incluso cuando se transformaba de una forma monstruosa a otra, hasta que la reina de las hadas no tuvo más opción que liberarlo.

¿Qué interpretación podemos dar a esto en la actualidad? Como siempre, la respuesta depende de nosotras. Quizás puedas reflexionar sobre algo que has perdido: una pasión, un sueño o una amistad. En este contexto, la pérdida no representa la muerte, sino algo que sientes fuera de tu alcance. Permite que la energía de Samhain (y el amor inquebrantable de Janet) te inspire para recuperarlo.

PLANTAS QUE CRECEN CUANDO SE ACERCA SAMHAIN

MANZANO

Malus domestica

Quert, o la manzana, es al mismo tiempo saludable y representativa de lo prohibido, del conocimiento y de la pasión. Ese conocimiento puede incluir lo desconocido, ya que las manzanas también se utilizan para profetizar. Aunque su faceta más beneficiosa se encuentra en su poder curativo. Si cortas una manzana en tres trozos y los entierras bajo la luna menguante, puedes atraer la buena salud a tu hogar. Enterrar manzanas es también una forma de alimentar a los espíritus errantes que puedan sentirse perdidos y solos.

Hechizo sugerido

La adivinación con manzanas se utiliza mejor para preguntas sencillas de sí o no. Coge una manzana y córtala por la mitad, separando la parte superior de la inferior. Ábrela y observa la forma de flor formada por el racimo de semillas. ¿Cuántas semillas oscuras puedes ver? Normalmente, un número impar indica un no y un número par un sí a tu pregunta, pero haz caso a tu intuición.

CALÉNDULA

Calendula officinalis

Las caléndulas se utilizan para comunicarse con los muertos, y sirven de ofrenda y guía. Al igual que los girasoles, las caléndulas giran la cabeza para seguir al sol, y parece como si sus brillantes coronas iluminaran un camino para que lo sigan nuestros antepasados. También son especialmente útiles para la magia de los sueños, ya que ayudan a potenciar la intuición y las capacidades psíquicas y proporcionan un descanso suave y relajante.

Hechizo sugerido

Justo antes de irte a dormir, prepara un baño de hechizo de caléndula. Puedes utilizar flores frescas o secas, o una combinación de ambas. Calienta la bañera todo lo que puedas sin que resulte incómodo y, a continuación, esparce las flores rompiendo los pétalos.

Enciende unas velas y cierra los ojos, dejando que tu cuerpo se relaje y se impregne de la energía de las flores. Cuando estés lista, sal, pero no te enjuagues. Sécate y métete en la cama. Inhala el aroma herbáceo y verde de las caléndulas sobre tu piel y pídeles que inviten a tus antepasados a entrar en tus sueños.

ARTEMISA
Artemisia vulgaris

La artemisa es una planta extremadamente poderosa y debe utilizarse con intención y cuidado. Es protectora (como tantas otras plantas), pero es más conocida por sus poderes psíquicos, ya puede proporcionar sueños proféticos e incluso ayudar en la proyección astral o producir visiones. No contiene propiedades psicoactivas (es decir, no es un alucinógeno), simplemente ayuda a abrir tu tercer ojo, ese que se encuentra en el medio de la frente, justo encima las cejas, también conocido como el chakra *ajna*.

Hechizo sugerido

La forma más eficaz de trabajar con la artemisa es preparar una tintura, solo una pequeña cantidad es extremadamente potente. Si tienes acceso a artemisa fresca, recógela una noche de luna llena y cuélgala boca abajo para que se seque. Si no, puedes comprar artemisa seca en internet o en algunas tiendas de dietética. Añade un cuarto de taza de artemisa seca a un tarro y cúbrelo con vodka. Déjala reposar durante un ciclo lunar completo, rodeada de lapislázuli para potenciar sus poderes psíquicos. Cuando esté lista, cuela el líquido y toma una cucharadita antes de dormir, meditar o cuando quieras que tu intuición sea más poderosa.

romero
manzana
caléndula
artemisa
carrizo
calabaza
bonetero

CALABAZA
Cucurbita pepo

Octubre no sería el mismo sin las calabazas, y la tradición de tallarlas para convertirlas en linternas es un ritual de protección que se remonta al siglo XIX. Antes de su llegada a América, los inmigrantes británicos e irlandeses utilizaban nabos con el mismo propósito, pero al encontrar que las calabazas norteamericanas eran más abundantes y de mayor tamaño, la costumbre evolucionó. Estas linternas reciben su nombre de Stingy Jack (Jack el Tacaño), un hombre que logró engañar al diablo y, aunque salvó su alma, se le negó la entrada al cielo. Según la leyenda, se tallaban y encendían calabazas (o nabos) para advertir de su presencia mientras vagaba eternamente por la tierra. Además de sus propiedades protectoras, las calabazas también son propicias para los rituales de prosperidad.

Hechizo sugerido

Después de tallar la calabaza, guarda el tallo y las semillas. Deja que el tallo se seque por completo y luego añádelo a tu altar durante el tiempo del sabbat para aportar poder a cualquier hechizo de manifestación que desees realizar. Tuesta las semillas en el horno y guarda algunas para un tarro de hechizos de prosperidad, el resto lo puedes comer. Para crear tu tarro de hechizos de manifestación coloca tus ingredientes en un pequeño tarro de cristal, séllalo y úngelo con cera de vela. ¿Qué elementos debería incluir? Puedes considerar añadir algo de aventurina, jade o citrino, así como menta, trébol, acónito de invierno y albahaca.

CARRIZOS
Phragmites australis

El término carrizo se refiere a una amplia variedad de hierbas acuáticas, pero las *phragmites* son las más extendidas. Se pueden ver sus grandes copas agitándose cerca de las autopistas y en campos y marismas donde cobijan y ocultan a la fauna salvaje. En realidad, pueden apoderarse fácilmente de un ecosistema, pero cuando se controlan, son maravillosamente útiles. Toda la planta es comestible y los tallos se pueden utilizar como deliciosas pajitas para beber. Las cañas, o en irlandés *nGeatal,* se han utilizado durante milenios para tejer cestas, purificar el agua, hacer tejados de paja y, lo mejor de todo, para hacer música. Aún se utilizan para fabricar oboes, clarinetes y otros instrumentos de viento. Los carrizos son los mejores en la magia de protección, así como en la invocación.

Hechizo sugerido

Corta un solo carrizo cerca de su base, luego recórtalo hasta que tengas una pajita hueca. Antes de ponértela en los labios, piensa en lo que quieres invocar. ¿Qué partes de tu identidad quieres invocar? ¿Qué facetas de ti misma o de los demás quieres encarnar? Cuando soples la pipa, no te preocupes por el sonido, sino por lo que tu aliento transmite al aire que te rodea. Úsalo para convocar aquello que más necesitas.

ROMERO
Rosmarinus officinalis

El romero es para el recuerdo, lo que lo hace especialmente apropiado para Samhain, cuando nos esforzamos por honrar a los que nos han precedido. Es una planta sabia y protectora, que busca crear conexión a través de la memoria. Puede ayudar a mantener el amor en las relaciones, estimular la memoria cuando te cuesta recordar todo lo que hay en tu lista de cosas por hacer y mantenerte a salvo mientras viajas, al recordar que el hogar siempre está ahí para ti.

Hechizo sugerido

Al igual que el tomillo, la salvia y otras hierbas mágicas culinarias, el romero es muy útil para la brujería de cocina; puedes simplemente añadirlo como ingrediente siempre que sientas que necesitas su apoyo. Sin embargo, al ser tan aromático, también es muy útil para la magia olfativa. Recoge un puñado de romero fresco (basta con media taza) y pícalo para que suelte su jugo. Cúbrelo con aceite de almendras dulces u otro aceite neutro y déjalo reposar durante al menos dos semanas. Cuando esté listo, cuélalo y utilízalo directamente sobre la piel o derrite un poco de cera de abeja y mézclalos para hacer un bálsamo que puedes aplicar sobre las sienes, el corazón o en las plantas de los pies. Mientras lo haces, invoca al romero para que te ayude a recordar qué es lo más importante para ti.

BONETERO
Euonymus

El bonetero es también conocido como arbusto de Our. Sus frutos y hojas exhiben un intenso color rojo fuego, y su madera, de excepcional dureza, puede tallarse hasta conseguir un filo notable, cualidad que la hacía ideal para la fabricación de husos para hilar lana. Sus propiedades están vinculadas al trabajo constante y dedicado, pero no de cualquier tipo, sino aquel que realizamos por una razón especial: una labor nacida del amor. Simboliza también los lazos familiares, las responsabilidades compartidas y el afecto que sentimos por nuestros seres más cercanos.

Hechizo sugerido

Cuando pensamos en los husos de antaño, nos viene a la mente un cuento: la Bella Durmiente. El huso le quitó la capacidad de participar en su propia historia, pues durante cien años estuvo alejada de sus labores y de su familia. Con esto en mente, coge una ramita afilada de bonetero y presiónala suavemente contra la punta de tu dedo. (¡No hace falta que te hagas sangre!). Pero aquí, en lugar de escapar de tus compromisos y responsabilidades, deja que el bonetero te recuerde por qué haces todo lo que haces y para quién. Así que date un suave pinchazo por cada persona, cada razón, que hay detrás de tus labores de amor.

Yule

El solsticio de invierno

Durante un instante, en el solsticio de invierno, el sol permanece inmóvil en el cielo, congelado en la cima de los poderes del rey Acebo. Y, entonces, la inclinación de la Tierra comienza a invertirse, de modo que su dominio sobre nosotros empieza a disminuir.

En Yule, como noche más larga del año, honramos la oscuridad, aunque celebremos el comienzo del retorno de la luz. El aspecto del rey del Acebo conocido como el dios Astado cabalga en esta noche, liderando la «Caza Salvaje» a través de la tierra, y quizá del cielo, dejando tras de sí un rastro de indómita libertad.

Si esto resulta algo intimidante, es comprensible: la estructura y predictibilidad del rey Roble están ausentes en esta noche. Pero también resulta inspirador, pues la emoción de la posibilidad, de que no haya reglas y solo potencial, puede llevarnos a esforzarnos, a explorar formas de ser que nunca habíamos considerado. A pesar de todo, el homónimo del rey Acebo es una planta protectora, que proporciona cobijo y seguridad bajo sus espinosos setos durante todo el año.

Las celebraciones de Yule suelen incluir fiestas y juergas porque, bueno, ¡así son los *sabbats!* Puedes invitar a tus seres queridos a una fiesta y encender una hoguera con el tradicional tronco de Navidad. En tiempos antiguos, los troncos de Yule eran enormes ramas de árbol que se introducían en el hogar y se consumían durante las doce noches posteriores a Yule, o después de Navidad, cuando las creencias paganas y cristianas se entrelazaban. Aunque hoy en día pocas personas disponemos de chimeneas capaces de albergar un tronco entero, puedes elegir uno más modesto como tu tronco de Yule, incluso si no dura las doce noches completas. Rocíalo con vino caliente, hidromiel, sal o harina, y determina tus intenciones para los próximos días de luz. Cuando el tronco se haya consumido casi por completo, sácalo con cuidado del fuego y déjalo enfriar, guarda este trozo para encender el fuego en tu próxima celebración de Yule.

También puedes visitar tu arboleda sagrada para celebrar un ritual más privado en honor a la noche más larga. Llévate una vela, preferiblemente en un tarro u otro recipiente para protegerla del viento y evitar que la cera derretida te queme las yemas de los dedos. Justo en el momento del solsticio, justo cuando se ponga el sol, enciende tu vela. Levántala hacia el oeste, en honor al sol poniente. Gírala y levántala hacia el este, saluda a la luz del amanecer. Levántala hacia el sur, donde, al otro lado del planeta, otros celebran el día más largo. Y, por último, levanta la vela hacia el frío y oscuro norte (la tierra del rey Acebo) en agradecimiento por su misterio y protección.

Tómate un momento para pensar una intención, ya sea en tu mente o en voz alta. Incluso puedes cantar a coro con los árboles que te rodean. Consuélate en la oscuridad, dentro del círculo de luz que has creado, a partir de este momento habrá más luz que oscuridad.

PLANTAS QUE CRECEN CUANDO SE ACERCA YULE

SAÚCO

Sambucus

Ruis, o saúco, es una planta de rápido crecimiento parecida a un seto que acoge a una gran variedad de polillas y mariposas en los meses más cálidos. Puede crecer en casi todas las condiciones, pero a pesar de su resistencia, también es bastante frágil, se dobla y se rompe con facilidad. Esta dualidad se refleja en sus poderes mágicos, ya que es a la vez una invitación a los aspectos más arriesgados y misteriosos de la vida (representados por las hadas) y una fuerza de protección contra esos mismos aspectos. Quemar saúco en el interior de una casa podía invitar a los demonios, pero tradicionalmente las ramas de saúco se enterraban con los muertos para protegerlos de ellos.

Hechizo sugerido

Trabajar con esta dualidad depende de la intención: ¿quieres invocar el poder protector o el lado salvaje del saúco? Crear un amuleto con esa intención alineará sus energías con tu propósito. Antes de cortar un pequeño trozo de madera de saúco, pide permiso. Si buscas protección, hazlo a la luz del día; si deseas conectar con el misterio, hazlo en la sombra. Luego, toma un cordel y enróllalo alrededor de la ramita, atando un nudo en la parte superior y otro en la inferior. Para potenciar su efecto protector, deja reposar el amuleto bajo la luz del sol durante un día, rodeado de peridoto y pirita. En cambio, si buscas atraer el misterio, colócalo a la luz de la luna durante una noche, acompañado de mookaita y crisocola.

ENEBRO

Juniperus

El enebro está relacionado tanto con la protección como con la creatividad y era sagrado para la diosa siria de la fertilidad Astarté. También se dice que un enebro protegió a Jesús de niño cuando se escondió de los soldados del rey Herodes. Las «bayas» del enebro, de color azul oscuro, son en realidad pequeñas piñas carnosas que pueden machacarse y prensarse para extraer su jugo, de sabor amargo y picante. De hecho, el enebro es más conocido por su uso para aromatizar la ginebra.

Hechizo sugerido

La mejor forma de invitar a la creatividad es empezar a crear. Para que el enebro te ayude, puedes considerar la posibilidad de crear tu propio lote de ginebra. La ginebra es básicamente vodka aromatizado, pero con un sabor muy específico. Las destilerías utilizan extracciones y demás métodos complejos, pero para elaborar tu propia ginebra puedes hacer simplemente «ginebra compuesta», lo que antes se conocía como *bathtub gin* o «ginebra de bañera». Si utilizas una botella de 750 ml de vodka, necesitarás al menos dos cucharadas soperas de bayas de enebro frescas o secas. Tal vez quieras incluir otros productos botánicos, como otras hierbas para dar rienda suelta a tu creatividad, quizá la artemisa o la piel de naranja. Pon todos los ingredientes botánicos en un tarro grande y limpio, cúbrelos con el vodka y deja que la ginebra se infusione durante un día y una noche. Pruébala y sigue esperando si es necesario, comprobándolo cada día. Cuela la poción cuando te guste su sabor y disfrútala siempre que necesites un impulso de creatividad.

MUÉRDAGO

Viscum album

Se cree que el muérdago es una de las plantas más mágicas que existen. A pesar de su reputación como amuleto del amor (dato que es cierto), también ha sido portador de paz. Antiguamente, si los enemigos se encontraban en el bosque y bajo el muérdago, estaban obligados a deponer las armas y buscar una solución pacífica. Debido a esta tradición, en los países nórdicos se llevaba el muérdago al interior de las casas para las fiestas de Yuletide, de modo que cualquier disputa entre clanes debía dejarse de lado durante las festividades.

Hechizo sugerido

A pesar de su naturaleza mágica, el muérdago es en realidad un parásito: trepa por el roble y se lo come, en una representación natural de la batalla entre el rey Roble y el rey Acebo. Antigua-

muérdago
tejo
hamamelis
mirto
enebro
saúco
pino

mente, los ancianos druidas recogían ritualmente el muérdago de los robles en los días posteriores a Yule, pero llevaban acebo para no ofender al rey Acebo, ya que aún era la época de su reinado. Si ves muérdago creciendo cerca, ya sea en robles u otros árboles, quizá quieras llevar encima un poco de acebo antes de arrancarlo. Llévalo contigo a casa y cuélgalo del techo para atraer paz, buena suerte y amor a tu hogar.

MIRTO
Myrtus communis

El mirto actúa como fuerza conservadora, del mismo modo que el hielo y el frío conservan los alimentos. Ayuda al amor a soportar las tribulaciones, razón por la que a menudo se encuentra en los ramos de novia, y quizá por la que también era sagrado para Afrodita. También preserva la juventud, además plantar mirto a cada lado de la puerta de casa invita a la paz, el amor y la prosperidad. De hecho, se dice que el mirto era el aroma más prominente en el Jardín del Edén, el lugar más pacífico, amoroso y eterno.

Hechizo sugerido

Utiliza el mirto aromático para elaborar un aceite de perfume. El mirto es una nota destacada en una gran variedad de fragancias de lujo. Añade unas gotas de aceite esencial de mirto a un aceite portador neutro, como el aceite de jojoba o de almendras dulces. Aunque si tienes la planta fresca a mano, añade las flores, las bayas, las hojas y pequeños trozos de madera a un mortero, machácalos y mézclalos. Coloca esta mezcla en un frasco y cúbrela con su aceite portador, deja que el mirto machacado repose a la luz del sol durante al menos dos semanas antes de utilizarlo. Échate el aceite de mirto como lo haría Afrodita, siempre que busques el amor o la juventud. También puedes hacerlo siempre que quieras experimentar amor hacia ti misma y paz, ya que el mirto invocará ambas cosas.

PINO
Pinus

La fuerza del Ifin, o pino, no reside solo en su longevidad y naturaleza perenne, sino también en sus propiedades protectoras y pacíficas. Al mismo tiempo, es conocido por su valor y resistencia, ya que soporta los largos fríos. Los iroqueses creen que el pino blanco es el «árbol de la paz», y en Japón se cuelga sobre la entrada del hogar para invitar a la alegría. Las agujas de pino pueden quemarse para eliminar la energía negativa, y las piñas pueden quemarse para invitar a la salud y la creatividad.

Hechizo sugerido

Debido a las variadas propiedades mágicas del pino, lo mejor es trabajar con él en conjunto y en todos los ámbitos de la vida. Siempre que sientas que tu casa necesita una buena limpieza energética y física, recurre al pino. Empieza por coger una rama de pino y utilizarla para barrer el suelo y los alféizares; recoge toda la energía estancada o la negatividad que pueda haberse acumulado allí. A continuación, añade algunas agujas de pino a una olla con agua y ponla a hervir; liberará el aroma del pino en el aire. Déjalo hervir a fuego lento durante al menos una hora y luego cuélalo. Puedes utilizar esta agua de pino para fregar el suelo. Por último, recoge todo lo que hayas reunido en los últimos meses y que ya no necesites (recibos, facturas pagadas o viejas notas recordatorias) y, si es seguro hacerlo, échalo a un fuego. Echa también las agujas de pino que queden, incluidas las de la escoba, unas cuantas piñas y, con cada piña que quemes, establece una intención para lo que le pides que libere de ti, mientras dejas espacio para la alegría y el amor.

HAMAMELIS

Hamamelis

El hamamelis es una hierba purificadora de los nuevos comienzos. Puede ayudar a sanar un corazón herido y a encontrar el camino cuando se tiene la sensación de haber llegado a un callejón sin salida. A menudo se encuentra en productos para el cuidado de la piel, ya que es un potente astringente. Actualmente, se sigue utilizando como vara adivinatoria para determinar dónde debe cavarse un pozo.

Hechizo sugerido

Recurre al hamamelis cuando sientas que tu ánimo está por los suelos y que el mundo está en su momento más oscuro. Aunque te cueste levantarte de la cama, sal a dar un paseo y recoge un poco de hamamelis. Se trata de un árbol que anhela ser útil, así que, en este caso, si no te apetece un ritual completo, puedes simplemente pedir permiso en tu corazón mientras coges una pequeña ramita. Guárdala en el bolsillo de tu abrigo o métela en tu bolso, pero asegúrate de llevarla contigo durante un tiempo, incluso después de que las hojas o las flores se hayan marchitado: te levantará el ánimo.

TEJO

Taxus

El tejo, o Iodhadh, ha sido conocido como el árbol de los muertos. Según la leyenda, los nigromantes empleaban varitas de su madera para resucitar cadáveres y convertirlos en sirvientes no muertos. Sin embargo, sería más preciso considerarlo como el árbol de las encrucijadas. Es frecuente encontrar tejos en cementerios. De hecho, cerca de quinientas iglesias inglesas se edificaron junto a ejemplares preexistentes, lo que evidencia la antigüedad de estos árboles. ¿Se plantaban para ayudar al descanso de los espíritus? ¿O quizá facilitaban la comunicación con los antepasados? Esta majestuosa especie es altamente tóxica (razón por la cual las tres hermanas fatídicas la incluyeron en su poción en *Macbeth*), pero también destaca por su extraordinaria flexibilidad, cualidad que aprovechó Robin Hood para fabricar sus célebres arcos largos. Los tejos son testigos milenarios de la historia. En el corazón de Escocia crece el tejo de Fortingall, cuya edad se estima entre dos mil y nueve mil años. Por su parte, en Irlanda, alberga el mayor bosque de tejos del mundo, con indicios de presencia continua desde la última glaciación. El tejo posee una longevidad casi eterna y tiene la peculiaridad de reproducirse cuando sus ramas caídas echan raíces y brotan de nuevo, representando así un ejemplo natural del ciclo vital y la rueda del año.

Hechizo sugerido

Para fabricar una varita de tejo, coge una ramita (como siempre, pide permiso). Con un cuchillo pequeño, raspa la corteza y limpia las ramas pequeñas. Deja una de las puntas dentada. Busca un trozo de tierra desnuda y dibuja un sigilo con la varita. Tal vez quieras utilizar el Ogham o el sistema rúnico nórdico. Elige bien tu hechizo, ya que los hechizos de tejo no solo son fuertes, sino también eternos.

Ritual de medianoche

Históricamente, las brujas volaban a medianoche. Todas podemos evocar imágenes de mujeres vestidas de negro sentadas en una escoba, surcando un cielo nocturno despejado. Pero la opinión generalizada es que, como en el caso de las hadas, se trata probablemente de una alegoría, y los «vuelos» realmente solo se producían en la imaginación. El «ungüento volador» que las brujas se aplicaban para volar solía incluir:

- **BELLADONNA**
- **AMANITA MUSCARIA**
- **DEDALERA**
- **ELÉBORO**
- **CICUTA**
- **BELEÑO**
- **RAÍZ DE MANDRÁGORA**
- **ACÓNITO DE INVIERNO**
- **AMAPOLA**
- **ACÓNITO**

Los relatos históricos que han llegado hasta nuestros días, redactados por hombres cristianos como Francis Bacon, canciller de la reina Isabel, mencionan que las brujas utilizaban ingredientes macabros como «grasa de niños extraída de sus tumbas», sangre de murciélago y grasa de buitre. Sin embargo, estos componentes resultan, por decirlo con suavidad, poco verosímiles, y su inclusión en dichas crónicas probablemente responda más al temor y la misoginia de la época que a la realidad.

Más allá de estos elementos fantasiosos, es revelador observar un patrón común en otros ingredientes documentados: su naturaleza alucinógena. De hecho, numerosas tradiciones indígenas incorporan el uso de enteógenos naturales (sustancias psicoactivas) en sus prácticas espirituales y ceremoniales. Es razonable suponer que las antiguas comunidades de brujas también pudieran haber seguido prácticas similares. No es difícil evocar la imagen de estas mujeres recorriendo descalzas por el bosque entre musgo y raíces, celebrando rituales secretos en honor al poder femenino de la naturaleza.

No obstante, es fundamental advertir que sería extremadamente peligroso intentar reproducir estas antiguas fórmulas de ungüento volador: todos estos componentes están catalogados como venenosos y su uso puede resultar gravemente dañino o incluso letal.

Alternativamente, es posible elaborar una versión segura y respetuosa con esta tradición. La preparación de un ungüento volador no tóxico ni enteógeno, aunque sí imbuido de propiedades mágicas, permite honrar y participar en estas prácticas ancestrales sin riesgos para la salud. Para crear tu propio ungüento volador, necesitarás las siguientes hierbas:

1 cucharada de enebro, fresco o seco

¼ cucharadita de artemisa seca o 1 cucharada de fresca

¼ cucharadita de milenrama seca o 1 cucharada de fresca

¼ cucharadita de salvia seca o 1 cucharada de fresca

¼ cucharadita de romero seco o 1 cucharada de fresco

¼ cucharadita de menta seca o 1 cucharada de fresca

¼ cucharadita de lavanda seca o 1 cucharada de fresca

Mezcla todos los ingredientes en un mortero y machácalos para que liberen sus aromas y se fundan. Añádelos a un tarro de cristal y cúbrelos con media taza de aceite portador. Deja el tarro donde el sol y la luna lo iluminen durante un ciclo lunar completo, rodeado de amatista, calcita, crisocola, hematites, lapislázuli, mookaita u ópalo.

Al final del ciclo lunar, cuela el aceite de hierbas en un cazo, ponlo a fuego lento e incorpora de media onza a una onza de cera de abejas (cuanta más cera utilices, más firme será el ungüento). Cuando la cera de abejas se haya derretido, retira el cazo del fuego y vierte el ungüento en un tarro de boca ancha. Déjalo enfriar completamente antes de utilizarlo.

Cuando estés lista para volar, visita tu arboleda sagrada. Busca un lugar donde puedas sentarte acurrucada bajo las ramas. Toma un poco de tu ungüento volador y échatelo sobre tu tercer ojo. Si quieres, puedes poner un poco sobre cada uno de tus chakras, así como las muñecas y las plantas de los pies. Inhala el aroma de las hierbas y deja que su magia te invada. ¿Hacia dónde quieres volar? ¿Qué quieres experimentar? Deja que tu imaginación se apodere de ti (porque también es mágica) y deja que tu mente divague a su antojo, escuchando el silencio del bosque por la noche, un silencio que no es silencio del todo, sino que está lleno de misterio y posibilidades.

Resilvestración

Abrazar la vida como bruja del bosque representa tanto un honor como una responsabilidad sagrada. Cada gesto hacia el bosque encierra un profundo significado, desde una libación ritual hasta un murmullo de gratitud, desde la limpieza de especies invasoras hasta el apoyo económico para preservar santuarios naturales como la selva amazónica.

La naturaleza, y el bosque en particular, nos colma de dones incontables: sustento, cobijo, protección, inspiración, amor, belleza, clarividencia, sabiduría y sanación, entre infinitas bendiciones. Pero su regalo más valioso es, quizá, el reencuentro con nuestra esencia.

Albert Einstein dijo: «Mira en lo profundo de la naturaleza y entonces lo entenderás todo mejor». Por su parte, John Muir afirmó: «Al bosque voy para perder la cabeza y encontrar mi alma». Estas reflexiones complementarias revelan una doble verdad: los bosques nos brindan tanto la comprensión científica del mundo y sus recursos tangibles, como una sabiduría más profunda. Nos permiten descubrir aquella versión de nosotros mismos que existe más allá de las ansiedades cotidianas y los pensamientos inquietos que pueblan nuestras noches. Somos más que nuestra rutina diaria; compartimos la eternidad y la vitalidad del bosque. Somos custodios de su sabiduría ancestral y su magia imperecedera.

En este viaje de redescubrimiento, recuerda siempre que tu naturaleza salvaje permanece intacta, pues el bosque habita en ti, incluso cuando te refugias en su abrazo.

Agradecimientos

Este libro ha sido un regalo.

Tengo mucha suerte de trabajar con gente tan increíble en una editorial tan increíble. Nunca, nunca lo doy por sentado y valoro todo lo que hacen. Shannon Fabricant, Kristin Kiser, Susan Van Horn, Amber Morris, Ashley Benning, Amy Cianfrone, Kara Thornton, Ana-Maria Bonner, Elizabeth Parks, Annie Brag, Betsey Hulsebosch y todos los demás miembros de la familia Running Press, sinceramente no puedo expresar lo mucho que aprecio vuestro duro trabajo y vuestra creatividad, así como la sensación de alegría y magia que todos aportáis.

Para Dave, Neil y Annie: gracias por recorrer los bosques conmigo.

Índice analítico

Este libro terminó de imprimirse en marzo de 2025
en Industria Gráfica Anzos (Madrid).